Kate Lúcia Portela

Os Planos da Vida

INSTITUTO DE DIFUSÃO ESPÍRITA
Av. Otto Barreto, 1067 - Caixa Postal 110
CEP 13602-970 - Araras - SP - Brasil
Fone (19) 3541-0077 - Fax (19) 3541-0966
C.G.C. (MF) 44.220.101/0001-43
Inscrição Estadual 182.010.405.118

IDE EDITORA É APENAS UM NOME FANTASIA UTILIZADO
PELO INSTITUTO DE DIFUSÃO ESPÍRITA,
O QUAL DETÉM OS DIREITOS AUTORAIS DESTA OBRA.

www.ide.org.br
info@ide.org.br
vendas@ide.org.br

Capa:

César França de Oliveira

© 2007, Instituto de Difusão Espírita

1ª edição – agosto/2007
10.000 exemplares

FICHA CATALOGRÁFICA

(Preparada na Editora)

Assis, Kate Lúcia Portela de, 1976-.

A86p   *Os Planos da Vida* / Kate Lúcia Portela de Assis.
Araras, SP, IDE, 1ª edição, 2007.

224 p.

ISBN 978-85-7341-373-1

1. Romance 2. Espiritismo I. Título.

CDD-869.935
-133.9

Índices para catálogo sistemático:

1. Romance: Século 21: Literatura brasileira 869.935
2. Espiritismo 133.9

Dedico este singelo livro a quatro pessoas especiais:

*Ao meu pai, Jorge,
por ter me desvendado o universo da arte e da criatividade.*

*À minha mãe, Célia,
que sempre me incentivou na luta por
meus ideais mais nobres.*

*Ao meu marido, Gleyson,
cúmplice deste e de tantos projetos nossos, meu amado.*

*À minha melhor amiga, Magallí,
por ter me conduzido ao Espiritismo.*

"Nesse ponto, um homem que estava no meio da multidão lhe falou: Mestre, ordena meu irmão que reparta comigo a herança.

Mas Jesus lhe respondeu: Homem, quem me constituiu juiz ou partidor entre vós?

Então, lhes recomendou: Tende cuidado e guardai-vos de toda e qualquer avareza; porque a vida de um homem não consiste na abundância dos bens que ele possui.

E lhes proferiu, ainda, uma parábola, dizendo: O campo de um homem rico produziu com abundância.

E arrazoava consigo mesmo, dizendo: Que farei, pois não tenho onde recolher os meus frutos?

E disse: Farei isto: destruirei os meus celeiros, reconstruí-los-ei maiores e aí recolherei todo o meu fruto e todos os meus bens.

Então, direi a minha alma: Tens em depósito muitos bens para muitos anos; descansa, come, bebe e regala-te.

Mas Deus lhe disse: Louco, esta noite te pedirão a tua alma; e o que tens preparado, para quem será?

Assim é o que entesoura para si mesmo e não é rico para com Deus."

(Lucas, 12: 13 a 21)

Sumário

Advertência 13

Primeira Parte

Prólogo:
A preleção de Henrique 19

VISÃO DO BIÓGRAFO MATERIALISTA:
Capítulo I 23

VISÃO DO PLANO ESPIRITUAL:
A família Toledo 25

VISÃO DO BIÓGRAFO MATERIALISTA:
Capítulo II 29

VISÃO DO PLANO ESPIRITUAL:
Planos para Henrique 31

VISÃO DO BIÓGRAFO MATERIALISTA:
Capítulo III 33

VISÃO DO PLANO ESPIRITUAL:
A despedida 36

VISÃO DO BIÓGRAFO MATERIALISTA:
Capítulo IV 39

VISÃO DO PLANO ESPIRITUAL:
O reencontro 42

VISÃO DO BIÓGRAFO MATERIALISTA:
Capítulo V 49

VISÃO DO PLANO ESPIRITUAL:
Desvio 56

VISÃO DO BIÓGRAFO MATERIALISTA:
Capítulo VI 66

VISÃO DO PLANO ESPIRITUAL:
Logro 69

Segunda Parte

VISÃO DO BIÓGRAFO MATERIALISTA:
Capítulo VII 83

VISÃO DO PLANO ESPIRITUAL:
A psicóloga 88

VISÃO DO BIÓGRAFO MATERIALISTA:
Capítulo VIII 102

VISÃO DO PLANO ESPIRITUAL:
O elo 104

VISÃO DO BIÓGRAFO MATERIALISTA:
Capítulo IX 128

VISÃO DO PLANO ESPIRITUAL:
O regresso ao lar 129

VISÃO DO BIÓGRAFO MATERIALISTA:
Capítulo X 142

VISÃO DO PLANO ESPIRITUAL:
O amor em três atos 143

VISÃO DO BIÓGRAFO MATERIALISTA:
Capítulo XI 157

VISÃO DO PLANO ESPIRITUAL:
Trabalho no bem 159

VISÃO DO BIÓGRAFO MATERIALISTA:
Capítulo XII 170

VISÃO DO PLANO ESPIRITUAL:
A palestra espírita 171

VISÃO DO BIÓGRAFO MATERIALISTA:
Capítulo XIII 184

VISÃO DO PLANO ESPIRITUAL:
De volta aos planos 186

VISÃO DO BIÓGRAFO MATERIALISTA:
Capítulo XIV 192

Terceira Parte

Impressões da platéia 199
Planejando o livro 205
Almas afins 211

Advertência

É bem possível que, num primeiro contato, este livro cause um certo estranhamento em alguns leitores. Vários são os motivos que podem vir a justificar tal sensação; afinal, a sua estrutura interna não está enquadrada nos moldes "tradicionais". E isso não ocorre por acaso. Até porque, o acaso não existe.

Podemos afirmar com segurança que, neste livro, não apenas o conteúdo informa, posto que a forma também sugere muitos sentidos. A **forma** é aqui entendida, basicamente, como a dualidade de narradores, o modo como estão seqüenciados os fatos, as digressões, a ambigüidade dos acontecimentos relatados. Na verdade, esse processo de construção, de escritura do romance encontra-se estritamente ligado ao plano do conteúdo.

Comentaremos algumas das principais estratégias de criação, a fim de que este procedimento literário não se constitua em um obstáculo para uma leitura edificante e produtiva mas, sim, em mais um fascinante instrumento, nas mãos do leitor, para que se promova uma considerável interação e melhor compreensão deste romance fictício.

Na primeira e na segunda parte do livro, a história, em si, é contada por dois narradores, e essa dualidade narrativa só se desfaz na terceira parte, com a morte física do protagonista, chamado Henrique Toledo. Ambos os narradores mantêm um constante conflito ideológico em função de uma abordagem materialista e espiritualista, não raro acerca dos mesmos acontecimentos, especialmente, da vida do protagonista.

O primeiro narrador, cujo relato se dá na primeira pessoa, introduz sempre a narração nos **capítulos** (I, II, III, IV...) e exterioriza uma subjetividade bastante acentuada, valorizando *a matéria, a vida mundana, os valores materialistas,* possuindo, não raro, uma visão estreita e distorcida dos fatos em geral. A tentativa, por parte do narrador biógrafo, de reconstruir a vida de Henrique, *a posteriori*, apresenta uma série de lacunas e imperfeições, visto que ele se apóia unicamente no discurso, nem sempre confiável, da Imprensa e no depoimento de algumas pessoas que partilharam a convivência com ele. As opiniões que ele emite ao longo do percurso narrativo espelham, por vezes, seus preconceitos e equívocos interpretativos.

Já o segundo narrador, cuja narrativa se apresenta na terceira pessoa (eventualmente na primeira do plural), introduz sempre a narração com **títulos** (*A família Toledo, Reencontro, Logro, etc.,* além do próprio *Prólogo*), e prioriza o *Espírito, os princípios básicos da Doutrina Espírita,* quais sejam: a existência de Deus como Criador do Universo, a existência, sobrevivência e individualidade do Espírito, as vidas sucessivas através da reencarnação, a justiça Divina expressa na Lei de Causa e Efeito, o livre-arbítrio como expressão individual, o intercâmbio entre o mundo físico e extrafísico e a pluralidade dos mundos habitados. Essa versão foi abonada pelo próprio Henrique Toledo, que se serve de uma médium para revelar a verdade sobre sua trajetória no plano físico.

É necessário atentar para o fato de que a narração do plano espiritual opera verdadeiras desconstruções no discurso materialista e desautoriza determinadas afirmações e informações do biógrafo. E é de suma importância perceber que a presença de um discurso materialista no interior de uma obra espírita deve ser entendida como um reflexo da condição espiritual das personagens envolvidas, sobretudo a do biógrafo descrente. Necessitamos, pois, do plano material, mas para nos despojarmos de nossas imperfeições urge que abandonemos e combatamos a visão e a postura materialistas, encarnadas pelo narrador do plano material.

Além do que foi exposto, devemos esclarecer também que o fluxo narrativo não é linear. Quer dizer isto que a narração não se encontra estruturada nas bases delimitantes de princípio, meio e fim. Logo no início do romance, por exemplo, Henrique encontra-se no plano espiritual exercendo a função de instrutor numa palestra em que tece comentários acerca de sua última existência (*Prólogo*) para uma platéia de Espíritos ainda encarnados, num momento de desprendimento, o sono. Após essa cena inicial, seu passado é desvendado gradativamente por meio da bifurcação narrativa, até retornar ao momento de sua preleção.

É inegável que muitos outros aspectos poderiam ser

abordados e comentados. No entanto, desejamos que os próprios leitores, a cada página, usufruam a maravilhosa sensação de descoberta. Mais que isso: possam, por meio de seus conhecimentos e experiências, interagir com tamanha intensidade que passem a exercer o papel de coautores dessa singela obra.

Com este livro – o qual quiçá ainda não haverá de receber o rótulo de "polêmico" ou "complicado" – convidamos vocês, caros leitores, ao aprimoramento do senso crítico, ao exercício constante de uma postura reflexiva e ao aperfeiçoamento da habilidade de *separar o joio do trigo*.

Kate Lúcia Portela de Assis

Primeira Parte

Prólogo

A preleção de Henrique

Cada palavra que ele emitia, percebia-se claramente, brotava do fundo de sua alma nobre. Parecia-nos um homem seguro e corajoso. Era bastante difícil acreditarmos que aquela dramática história correspondia, na verdade, à sua própria trajetória de vida. Ele relatava a nós, Espíritos ainda encarnados, os fatos de sua última existência no Plano Material.

As reuniões aconteciam durante o sono, após o natural afrouxamento dos laços que nos prendiam ao corpo. Por meio das preces habituais, rogávamos ao Pai a oportunidade do refazimento das energias a fim de continuarmos sempre dignamente a caminhada. Naquela sala humilde, realizava-se um proveitoso intercâmbio espiritual. Infelizmente, a Assembléia não contava com um número expressivo de participantes, porém, os que ali se encontravam desejavam reter ao máximo o conhecimento que advinha das experiências de nossos irmãos instrutores.

O simpático palestrante falava, comovidamente,

acerca da magnitude da Providência Divina, que a todos nos assiste indistintamente. Segundo ele, se bem refletíssemos, com certeza perceberíamos que Deus jamais fecha a porta do arrependimento aos filhos transviados, porque a chave dessa porta era simplesmente um coração aberto e desejoso de redenção. Comentava a respeito da necessidade de estendermos os benefícios que nos são confiados aos companheiros no mundo, compreendendo, assim, a legítima noção de fraternidade universal.

Indubitavelmente, o ensinamento que mais nos tocou se referia à questão da necessidade de mantermos abertos os canais de comunicação entre as esferas carnal e espiritual. De fato, começamos a enumerar mentalmente quanto podemos fazer para não nos desligarmos do plano espiritual: as preces, o pedido de amparo aos nossos protetores, o estudo do Evangelho, a prática da caridade e do amor. Sim, o Amor. Mas um Amor sem limites; o Amor Universal que, segundo o apóstolo Paulo, tudo desculpa, tudo crê, tudo espera, tudo suporta.

Sensibilizado, nosso amigo discorria, ainda, a respeito dos Planos da Vida, o material e o espiritual, afirmando que muitos são os que acabam "cortando" ou ignorando o fio que os une. Estes, em verdade, vivenciam apenas uma parte de si: a mais efêmera e fugaz. E foi justamente nesse instante que ele nos informou de que a sua história encontrava-se registrada em um livro, visto que um famoso romancista – homem materialista que apregoava idéias esdrúxulas – havia se interessado por sua vida, e por isso resolveu escrever a sua biografia.

Deu continuidade à palestra, ressaltando que se

OS PLANOS DA VIDA

tratava de uma obra, com vários volumes, que relatava a vida de homens poderosos: homens ricos, pobres homens. Não eram como Zaqueu! No entanto, para o mundo, Henrique Toledo sempre foi um herói, um exemplo. Fatos serão sempre fatos, contudo, quão variadas são as interpretações atribuídas aos mesmos acontecimentos!

– Acautelai-vos, pois, para não serdes seduzidos e ludibriados pelos falsos discursos, produtos da cegueira espiritual. Quisera eu que minha história fosse contada na íntegra, com os pormenores que a vida social não pode contemplar, pois quem somente observa a superfície jamais terá acesso ao que se passa na profundidade. Assim, poderiam compreender a extensão dos meus erros, a minha cegueira e a minha derrocada total. Confrontar-se-iam as duas faces de uma única existência, a partir de tudo o que eu planejei ser e de tudo aquilo que efetivamente fui.

O momento era de grande comoção. Nosso amigo intentava, inutilmente, conter o choro, abafando as palavras. Alguns minutos se passaram. Henrique conservava-se cabisbaixo, vencido pelas lágrimas que nos diziam, sem palavras, de seu sofrimento moral. Experimentamos um enorme desejo de consolá-lo. Queríamos conhecer um pouco mais de sua história e, quem sabe, fazer parte dela; ainda que na condição de impotentes espectadores.

E assim descortinou-se sob nossos olhares atenciosos uma história que passaria a ser contada por dois pontos de vista diferentes, segundo o desejo de Henrique: a do biógrafo materialista e a do plano espiritual.

Visão do biógrafo materialista

Capítulo I

O objetivo da presente série biográfica consiste em homenagear e enobrecer o nome e o sobrenome de homens que fizeram da luta pela hegemonia financeira uma filosofia de vida. Homens determinados e destemidos que souberam contornar múltiplas dificuldades e agigantar incessantemente o seu patrimônio.

Dentre esses inúmeros percalços pode-se destacar a *pobreza de berço*, habilmente superada por homens que começaram, a bem dizer, da estaca zero. De fato, estes podem servir de exemplo para todos aqueles que aspiram fervorosamente à ascensão social, justamente por não desejarem permanecer indefinidamente na obscuridade das massas populares. Mencionar-se-ão também aqueles nascidos em *berço de ouro* e que, na sucessão dos dias e dos negócios, perderam o amontoado de vital metal que os antecessores conservaram e multiplicaram. Tais homens, entretanto, souberam voltar ao ponto de partida e recomeçar. Para muitos, a falência é motivo de partida, de suicídio. Ora, aqueles a quem pretendo enaltecer são os que conseguiram reerguer-se, não obstante as humilhações da sociedade, senão dos próprios amigos. Creio que esta obra-prima pode ser considerada uma epopéia. Caso eu não tivesse o mínimo de senso ou bom gosto e decidisse cantar e celebrar os feitos das massas populares, o título desta obra provavelmente seria: *Guerreiros da sobrevivência* ou *Epopéia do assalariado*. No entanto, o meu desejo é render culto aos homens de capital, àqueles que não se conformaram com o rótulo de *proletário*. Por isso, este livro recebe como título: *Guerreiros da opulência* ou *Epopéia do capitalista*.

Ocupando o terceiro lugar da minha soberba lista, no rol das grandes personalidades da nossa era, encontra-se o nome de Henrique Toledo. Este pequeno volume, que possui como subtítulo *"Henriqueça!"*, é dedicado à sua memória. Um grande homem! Antes, entretanto, de conhecer a história desse varão admirável, necessário se faz que eu forneça maiores detalhes a respeito da famigerada família Toledo.

Simplesmente não havia quem não se curvasse diante da riqueza, poder e prestígio daquela família, cujos membros – médicos, engenheiros, empresários, advogados, atores, políticos, escritores, etc. – atuavam praticamente em todos os setores importantes da nossa sociedade. Os *Toledo* encontravam-se no topo da cadeia familiar, devorando todas as atenções que o luxo e o requinte despertam na Imprensa.

Um dado muito curioso a ser mencionado aqui diz

respeito às origens de Lúcia, a genitora de Henrique Toledo. Tratava-se de uma moça paupérrima. Sim, porque comparando a nossa situação à magnificência financeira daquela família, talvez sejamos todos pobres miseráveis ou miseráveis pobres. Mas o fato que desejo mencionar é que, segundo as minhas pesquisas, o pai da moça trabalhava como motorista da família Toledo, e sua mãe seria dona-de-casa, se sua casa não fosse alugada.

O casamento de Marcelo Toledo com Lúcia, a filha do motorista subalterno, provocou um enorme alvoroço social. Toda a Imprensa publicava reportagens a respeito do que foi chamado de "moderno conto de fadas": antes do casamento, *A bela empobrecida*, e depois, *A bela e a féria*.

Bem, o que posso mais dizer? O senhor Marcelo Toledo e a senhora Lúcia Toledo tiveram um filho: nosso ilustre Henrique Toledo. E, é claro, eu não poderia me esquecer de frisar que a família perdeu uma grande oportunidade de aumentar seu patrimônio, pois o mais cobiçado partido do Rio de Janeiro casou-se com uma moça pobre; um mal negócio.

VISÃO DO PLANO ESPIRITUAL

A família Toledo

Riqueza, poder, tradição, prestígio social, aparência. Esses eram os valores absolutos esposados pelos membros da família Toledo e transmitidos às sucessivas gerações. Um histórico espiritual marcado pela ânsia da dominação e da ambição sem limites. Os ingredientes do aparente sucesso não eram conhecidos de todos: opressão, suborno, sonegação, trapaça, exploração. A superficialidade de valores não poupava nem mesmo o casamento, cuja realização era baseada nos interesses econômicos e nas conveniências sociais.

Contudo, já era chegado o momento de a família Toledo passar por transformações que levassem os seus membros a questionarem os valores materialistas que se perpetuavam ao longo dos anos. O primeiro empreendimento espiritual projetado para esse fim consistia no casamento entre o primogênito da família, Marcelo Toledo, e uma moça pobre, Lúcia Silva, ambos Espíritos mais esclarecidos. Os jovens se depararam com uma grande resistência por parte de Jorge Toledo, o patriarca da família, e a esposa, igualmente conservadora. Eles chegaram a ameaçar o filho. Asseguravam constantemente: "Vocês são de mundos diferentes, não dará certo nunca." Tudo em vão. O casamento aconteceu e foi o primeiro caso na família Toledo da ruptura de uma espécie de tradição, cuja regra maior consistia na igualdade aproximada de riqueza entre os nubentes, a fim de que o patrimônio cada vez mais se agigantasse e que jamais a opulência fosse comprometida.

Mas, só mesmo o amor para desafiar docemente a ignorância de certas posturas. Assim, os jovens se permitiram, não obstante as constantes pressões, compartilhar o bem mais sublime, cujo valor muitos ainda desconhecem. Ele, no entanto, está presente em todos os homens, ainda que muitos não o sintam: o Amor. Quem exercita o Amor, conquista um tesouro imperecível, uma riqueza característica dos homens de bem. Essa riqueza não possui caráter acumulativo, porque o Amor traduz doação constante. Eram esses os valores que Lúcia, Espírito benevolente e caridoso, iria transmitir tanto ao marido quanto ao filho.

O golpe decisivo do planejamento espiritual, porém, viria por meio do filho dessa união: Henrique Toledo. O rapaz também iria casar-se com uma jovem pobre, colaborando para o desgaste dos valores materialistas acalentados pela família Toledo. Na verdade, já se havia traçado integralmente os planos para a reencarnação de Henrique. A questão profissional encontrava-se bem definida; ele escolhera a medicina. De acordo com o planejamento, renasceria em pleno conforto material a fim de que conseguisse estudar sem dificuldades de ordem financeira.

O casamento de Henrique, que também constava no plano reencarnatório, seria um fator muito importante para o sucesso do empreendimento espiritual. Ele pôde escolher a companheira, com a partida prevista para cinco anos após o seu regresso à carne. A moça, chamada Amanda, iria tomar parte em uma família pobre do subúrbio do Rio de Janeiro. Em decorrência do namoro com Amanda, o jovem médico começaria naturalmente a manter contato com classes menos favorecidas. Tal fato iria inspirar-lhe o desenvolvimento de um sublime trabalho de assistência comunitária na área médica. Ligar-se-ia aos mais necessitados, salvando vidas não apenas com o bisturi, mas também com um sorriso, um gesto, uma palavra, um pensamento: desejava ser o médico do corpo, mas sobretudo, um médico da alma. A partir de então, sua vida seria simples para os homens, e grandiosa perante o Senhor.

A sua união com Amanda, bem como de sua mãe, Lúcia, com seu pai, Marcelo, somadas a outros fatores, como negócios ilícitos – que certamente acabariam por serem descobertos – desencadeariam um processo de declínio econômico da família Toledo, e a esperada revisão de valores por parte de seus membros.

A futura esposa de Henrique, Amanda Alves, teria grande importância no êxito da jornada, pois seria mais um amparo e estímulo constantes para ele. Trata-se de uma abnegada jovem, colaboradora bastante dedicada da colônia espiritual *Semeadores da Solidariedade,* a qual costuma desenvolver trabalhos de assistência espiritual a famílias que passam por difíceis provações e expiações na esfera carnal.

Henrique também gozaria da companhia de Pedro, que reencarnaria como seu filho com Amanda, a fim de auxiliá-lo, especialmente após o regresso de sua amada, cujos compromissos não permitiam que ficasse muito tempo no plano material. Dotado de grande sabedoria e de uma condição espiritual superior à de Henrique, também o filho se propunha a guiá-lo pela senda do Bem.

Espírito ainda bastante endividado, em decorrência da infração sistemática do curso das Leis Divinas,

OS PLANOS DA VIDA

Henrique desfrutava agora da oportunidade de resgatar seus débitos e de auxiliar antigos companheiros a quem feriu no passado. O planejamento familiar estava completo, mas ainda se faz necessário esclarecer que sua verdadeira família seria a própria humanidade, que tanto precisa se unir pelos sagrados laços do Amor Fraternal.

VISÃO DO BIÓGRAFO MATERIALISTA

Capítulo II

Devo salientar que, apesar do casamento, os negócios da família estavam prosperando como nunca. Hábil empresário, Marcelo Toledo parecia possuir o dom de multiplicar o seu patrimônio. Espalhadas por todo o país, havia diversas filiais da indústria de tecidos. Já se cogitava seriamente na exportação, a fim de diversificar e ampliar seu mercado consumidor. Toda a sociedade presenciava a prosperidade econômica daquela família, que possuía muitos amigos, bem como inimigos mordazes.

A chegada do herdeiro da família Toledo – o protagonista da história que lhes conto – estava cada vez mais próxima. Sem dúvida, a expectativa era de que ele demonstrasse maior propensão às características da família Toledo, e não da família Silva. O desentendimento entre as famílias costumava ser comumente explorado pela Imprensa. Muitos diziam, inclusive, que o senhor Jorge Toledo, o patriarca da família, proibiu que os *Silva* freqüentassem a mansão onde Lúcia passou a residir após o casamento. A ele já bastava ser forçado a suportar a presença inconveniente de sua nora.

A fim de evitar maiores problemas, o casal, então, mudou-se para um apartamento em Ipanema, fato que causou alegria aos pais de Lúcia e profundo ressentimento nos pais de Marcelo. Jorge Toledo chegou mesmo a ponto de deserdar legalmente o filho! Custa-me a crer que uma família tão tradicional e abastada pôde deixar-se contaminar e desestruturar dessa maneira!

O patrimônio da família ficou concentrado nas mãos de Jorge Toledo; ao seu filho, Marcelo, *só* restou a posse de uma das filiais da indústria de tecidos, além de alguns imóveis que já se encontravam em seu nome. Entretanto, ele fatalmente herdaria o *status* de seu valoroso sobrenome, a riqueza da tradição.

E os desentendimentos não pararam por aí não! A situação agravou-se ainda mais. Certo dia, os *Toledo*, ao se depararem com o filho e a esposa acompanhados dos pais da jovem, num restaurante, dirigiram graves ofensas aos *Silva*. Chamaram-nos de proletários interesseiros, episódio que deu origem a uma reportagem de capa de um jornal intitulada *"Os Toledo* vs. *Os Silva"*. Lúcia, tentando conter a crescente discussão, sofreu uma queda que a fez sentir-se muito mal. Foi imediatamente levada a uma clínica hospitalar.

As duas famílias acompanharam o casal. Henrique Toledo nasceu prematuramente, mas com saúde. O médico, após a realização de alguns exames, informou-

OS PLANOS DA VIDA

lhes de que houvera sérias complicações para o estado de Lúcia e que, infelizmente, ela não mais poderia ter filhos. Segundo o doutor, uma outra gravidez poria em risco a vida da moça. As famílias acusaram-se mutuamente pelo ocorrido e, segundo minhas pesquisas, jamais voltaram a se falar. Apesar de tudo, Marcelo e Lúcia jamais proibiram Jorge Toledo de se relacionar com o neto. Tais contatos, no entanto, realizavam-se de maneira esporádica.

Lúcia, a pobre jovem, pareceu ter superado o acontecimento de forma tranqüila, mas eu desconheço o motivo dessa... como é que se diz? Ah! *Resignação...*

VISÃO DO PLANO ESPIRITUAL

Planos para Henrique

Havia já algum tempo que Lúcia desejava imensamente um filho. Já existia muito amor entre ela e o esposo, e esse sentimento transbordava tanto que se fazia necessário um filhinho querido para sorver aquelas emanações de felicidade conjugal. Exultante, confiou ao marido o desejo sublime da maternidade. Marcelo participou de seus anseios, confessando-lhe que intimamente também já ansiava pela vinda de um bebê.

Passado algum tempo, eis que a confirmação da gravidez de Lúcia fora feita pelos médicos. No seu coração não cabia tanto contentamento. Não poderia esperar a chegada do marido, ausente em virtude do trabalho na empresa. Dirigiu-se até a mesma, adentrou pela sala em que o esposo laborava e falou, emocionada:

– Amor, o resultado deu positivo!

– Você está grávida?

– Na verdade, nós estamos!

– Ah, é claro! É por isso que eu andava tendo tantos enjôos ultimamente...

Lúcia mal conteve o riso. Abraçou sedutoramente o marido e sussurrou-lhe ao ouvido:

– Você é tão engraçadinho...

– Eu sei. Isso é mal de família...

Os meses transcorriam com toda a leveza que a felicidade é capaz de proporcionar. Lúcia desfrutava de toda a assistência médica necessária, comparecendo assiduamente ao pré-natal. Também participava de conferências cujos temas versavam a respeito da maternidade. Dentre os tópicos abordados, estavam a importância da amamentação, os cuidados com o bebê, a educação infantil e vários outros assuntos concernentes à relevância da família, célula-mater da sociedade.

Também procurava pôr em prática os ensinamentos recebidos, ajudando algumas entidades filantrópicas o quanto podia. Visitava orfanatos, escolas e creches, vivendo cercada de crianças e agradecendo a Deus constantemente a oportunidade de ser mãe.

Estava cada vez mais próxima a chegada de seu filho. A mamãe Toledo, por intuição, já sabia que se tratava de

OS PLANOS DA VIDA

um menino. O contentamento era inexcedível. Os pais estavam mais unidos do que nunca. A expectativa aumentava a cada dia: compra de enxoval, fotos, exames, desejos.

Numa tarde chuvosa, quando repousava em seu leito, Lúcia, acariciando a barriga e conversando com o bebê, deixou-se levar por inúmeras incertezas a respeito de como seria a vida do seu filho. As perguntas, em torno do destino da criança, eram inúmeras. Como seria ele? Que profissão exerceria? Com quem se casaria? Teria saúde? Seria feliz?

A jovem mãe gostaria muitíssimo de que ele se casasse com uma pessoa que realmente amasse e que entre ele e sua esposa houvesse a mesma cumplicidade que havia entre ela própria e seu marido. Será que ele viveria um amor tão intenso, verdadeiro e íntegro quanto aquele que o tinha gerado? Como seria sua esposa? Como desejava conhecer a mulher a quem seu filho amaria! Nesse ínterim, o marido chega, interrompendo-lhe os doces delírios e a ansiedade de mãe.

Os planos já haviam sido traçados. No entanto, os acontecimentos estariam também subordinados ao livre-arbítrio de Henrique. A ele pertenciam as respostas.

VISÃO DO BIÓGRAFO MATERIALISTA

Capítulo III

Henrique Toledo nasceu em meio a uma enorme

disputa pela sua guarda. O avô, Jorge Toledo, contratou um advogado (muitíssimo conceituado) e entrou na justiça com um pedido de guarda do menino. Perdeu. Só que não desistiu do intento. Quedou-se, esperando uma brecha, uma falha ou descuido do filho ou da nora.

Todavia, Lúcia e Marcelo eram pais exemplares. Durante toda a infância, o garoto foi cercado de cuidados e de imenso carinho. Não obstante o envolvimento de Marcelo com inúmeros negócios, repórteres constantemente o flagravam em meio a passeios com o filho e a esposa, como idas a parques, circos, zoológicos e, até mesmo, orfanatos.

Em muitos jornais, afirmava-se que eles assim procediam com o premeditado intuito de chamar a atenção da Imprensa e obter a aprovação ou os aplausos da opinião pública. Outros, ainda, defendiam a tese de que a felicidade deles estava associada ao poder aquisitivo que detinham. Certa vez, publicaram uma foto da família numa visita a um museu em Ouro Preto, estando ao lado de uma pequena nota, cujo título era: "Dinheiro traz felicidade."

O crítico de uma revista pouco conhecida, a qual afirmava possuir um compromisso com a verdade e com a ética, declarou publicamente que se tratava de especulações descabidas. Especulações maldosas que, na opinião do autor dessa matéria, tinham como único fundamento plausível o desejo de aumentar a venda de jornais.

Essa defesa foi muito bonita, vocês não acham? Mas saibam que os jornais venderam muito mais! Quiá... quiá...

OS PLANOS DA VIDA

quiá. Eh... desculpem-me. É que às vezes eu não consigo me conter. Acabei perdendo a linha. Bem, (estou respirando fundo) vamos aos fatos.

Henrique freqüentou os melhores colégios. Recebera excelente formação intelectual, destacando-se dos colegas de classe pelo senso crítico impecável. Era um contestador por natureza. A adolescência foi marcada pela constante dedicação aos estudos, com vistas ao ingresso na faculdade.

Optou pela carreira de médico e desejava, naquela época, especializar-se em cardiologia. Depois percebeu que as questões estéticas eram muito mais lucrativas. Bem, o fato é que ele prestou vestibular e foi aprovado em primeiro lugar não apenas em seu curso, mas também nos resultados gerais. A verdade é que Henrique sempre honrou o nome da tradicional família Toledo.

Não há registros de envolvimento amoroso mais sério, pelo menos até aquele momento. Aparecia, esporadicamente, em companhia de algumas moças, mas nenhuma em especial. Na verdade, ainda faltava algum tempo para que ele conhecesse a futura noiva, cujo nome não quero sequer mencionar, a não ser quando for estritamente necessário, pois eu particularmente não suporto essa jovem – um verdadeiro arquétipo de heroína romântica.

Com o desenrolar dessa narrativa, vocês perceberão a nociva influência que a "boa moça" exercia sobre a ambição de Henrique. Por pouco não conseguiu reduzi-la a autêntico filantropismo, algo, aliás, que considero muitíssimo piegas, cafona e brega. Sempre acreditei na lei do mais forte! Creio veementemente na seleção natural baseada no capital! Talvez por essas e outras o meu nome seja Darwin. O amor que Henrique devotava a essa mulher tornava-o fraco e sensível. Quase um bom moço.

Entretanto, não se esqueçam de um importante detalhe lingüístico mencionado em meu ilustre discurso: *quase*.

VISÃO DO PLANO ESPIRITUAL

A despedida

Henrique acordara bem cedo. Tinha esperanças de que a contemplação da harmonia da natureza atenuasse a ansiedade que o dominava. Os raios solares anunciavam, calorosamente, a chegada de um novo dia. Dos jardins da colônia espiritual *Semeadores da Solidariedade* já se podia escutar uma suave canção matinal, cujo refrão nos convida a meditar na relevância de cada novo amanhecer na nossa caminhada:

"Vamos comemorar

O novo dia que já vai chegar"

Para o nosso amigo, aquele dia marcaria o início de uma nova fase; uma nova existência corpórea. O caminho já se encontrava previamente traçado; pronto o seu plano reencarnatório.

– Agora só depende de mim o cumprimento das etapas de meu planejamento...

E a frase se repetia, em seu pensamento, entrecortada:

– ... só depende de mim... só de mim... o planejamento...

Sentado próximo a uma frondosa árvore, Henrique meditava acerca dos principais pontos do seu *mapa* reencarnatório, quando, de súbito, ouviu um pequeno ruído atrás de si. Ao voltar-se para trás, deparou-se com uma bela jovem a sorrir, que se lhe dirigiu em tom de brincadeira:

– Faço parte dos teus pensamentos?

– Não apenas isso. És como se fosse uma *parte* de mim: a mais bela, suave e doce.

Tratava-se de Amanda, futura companheira de Henrique, a qual se sentou delicadamente ao seu lado. O rapaz, após ter-lhe beijado carinhosamente uma das mãos, passou a acompanhar cada movimento da moça, exteriorizando afeto indizível no olhar. Quem cuidadosamente observasse a cena, diria tratar-se de um típico caso de vassalagem amorosa. Henrique, devido à sua condição espiritual, ainda conservava, em sua afeição pela jovem, traços que denotavam certa dependência amorosa.

Inúmeros trabalhos costumavam ser idealizados e coordenados por essa dedicada irmã, que já havia sido sua companheira em encarnações distantes. Tornara-se freqüentador assíduo das palestras que ela ministrava, muitas das quais versando sobre temas concernentes à caridade moral e material, à justiça social, à solidariedade entre os homens.

Apesar da afinidade, não se pode afirmar que havia equilíbrio entre ambos, em termos de condição espiritual. Henrique não se situava no mesmo degrau evolutivo da futura esposa. Ao contrário, necessitava resgatar inúmeras dívidas do pretérito delituoso, o que intentava conseguir por meio de trabalhos dedicados à causa do Bem.

Henrique, após pequeno intervalo de tempo, dirigiu-se a Amanda em tom de insegurança:

– Tentei fazer uma prece aqui, mas não consigo me concentrar. Ah, meu amor, é tão bom tê-la ao meu lado neste momento! Sabe, eu acho que não conseguiria enfrentar sozinho tanta ansiedade e medo do porvir, medo de mim.

A jovem segurou-lhe as mãos e, olhando diretamente em seus olhos, afirmou, entre convicta e meiga:

– Henrique, existe uma coisa que, por mais que tu peças em tuas preces, ninguém te pode ofertar senão tu mesmo: a confiança em ti. Saibas que é bastante natural o que estás sentindo. Alguns Espíritos *reencarnantes* experimentam certa angústia momentos antes da partida, por não saberem se hão de sucumbir ou de suportar as provas que virão. No entanto, necessário se faz confiar plenamente na Providência Divina e em nós mesmos.

– Eu... olha, não importa o que aconteça, quero que jamais duvide do quanto eu amo você.

OS PLANOS DA VIDA

– Não duvido. Também te amo e, por isso, não temo os acontecimentos, porque sei que os laços do amor são indestrutíveis. Em breve, estaremos juntos novamente. Sabes que, de acordo com nossos planos, partirei daqui a cinco anos. Bem, devo dizer que nossos amigos estão te esperando lá dentro, pois todos eles anseiam por te desejar paz e êxito na tua tarefa.

– Estarei contando os dias para reencontrá-la.

VISÃO DO BIÓGRAFO MATERIALISTA

Capítulo IV

Devo advertir que, dentre este capítulo e o anterior, já se passaram exatos dois anos. Nosso assunto agora vai se basear não apenas no meu relato, ou ainda, no discurso da Imprensa, mas em especial, no seguinte dito, muito embora seja ele popular:

"Tal pai, tal filho"

Acho que vocês realmente não devem estar entendendo nada, não é? Não seja por isso. Vou explicar o motivo da referência.

Henrique conheceu aquela que viria a ser sua futura noiva num sarau, intitulado "À procura da poesia", que os jovens de sua classe promoviam anualmente. Não tenho como fornecer muitos detalhes no que se refere a esse primeiro contato. Todavia, segundo consta em meus registros, o rapaz foi visto saindo do local em companhia de uma jovem. Na verdade, parece tê-la conduzido até a sua casa.

Aqui vocês começarão a entender o motivo da epígrafe, vamos dizer assim, desse capítulo. Simplesmente, a menina se *escondia* no subúrbio, numa rua que até hoje não foi asfaltada. O Henrique provavelmente deve ter demorado horas para levá-la até a sua casa, ou melhor, até o seu quitinete. Vocês têm idéia do que seja esse tipo de habitação? Eu precisei fazer uma pesquisa!

Essa modalidade de moradia só possui quarto, cozinha e banheiro. Ah! Há um pequeníssimo detalhe: lá moravam quatro pessoas! São elas: a mãe (empregada doméstica), a tia (cabeleireira), a avó (aposentada) e a jovem (estudante de colégio público). Em outras palavras, a menina era tão pobre quanto o era a sua sogrinha. Ou mais?! Será que deu pra vocês entenderem? Parece mais uma ironia do destino!

Essa tal jovem, chamada Amanda Alves, havia completado quinze anos quando conheceu Henrique. Tratava-se, pois, de uma moça comum. Era branca, um tanto baixa, tinha olhos cor de mel e cabelos castanhos, extremamente lisos e longos. O que mais chamava a atenção eram o olhar e o rosto delicado, que pareciam inspirar cuidados. A meu ver, acho que fazia o tipo *desprotegida*. O Henrique era muito bonito para ela!

Amanda trabalhava numa lanchonete no centro da cidade e estudava à noite. Era órfã de pai e a mãe, Maria Alves, vivia da pensão do falecido marido e de serviços domésticos que prestava a uma rica madame chamada Ester Albuquerque, moradora de Copacabana.

O fato é que Maria Alves trabalhava exatamente na cobertura onde foi realizado o sarau. Amanda, sua filha, às vezes aparecia por lá e acabou por conhecer Carolina Albuquerque, filha única da já mencionada anfitriã elegantíssima da *Princesinha do Mar*. Além de contratar os organizadores do sarau, Carolina cedeu o espaço onde foi realizado o evento. Parece-me que foi essa inteligente, destemida, atraente, perspicaz, elegante, requintada, bela, chique, ambiciosa, determinada, fina e audaciosa senhorita, da qual ainda falaremos muito, que, provavelmente por cristalina educação, convidou Amanda, a filha da empregada, a participar da festa literária. Logicamente, ela deveria apenas agradecer o convite e, por uma questão de consciência, recusá-lo veementemente.

Ela aceitou... Consegui algumas fotos do evento. Vocês precisavam ver o *modelito* que Amanda vestia. Destoava completamente do luxo e requinte da festa. Que vergonha! Era de uma simplicidade aviltante! Além disso, não usava uma jóia sequer! Os sapatos até que eram elegantes, porém não combinavam em nada com o resto.

Enfim, o visual lembrava muito *a gata borralheira*, com direito a príncipe e tudo. Afinal, ela fisgou o nosso herói. Como Henrique pôde se interessar por ela com tantas jovens ali, que se destacavam por sua beleza e riqueza?

VISÃO DO PLANO ESPIRITUAL

O reencontro

Henrique já estava arrumado. Pegou as chaves do carro e despediu-se da mãe. Aquela era a primeira vez que participava do encontro. Sempre ouvira comentários acerca do evento, mas somente desta vez sentira realmente interesse por comparecer. Em outro lugar, Amanda também já estava sendo encaminhada para o reencontro.

Os jovens organizavam um sarau, coordenado pela colega Carolina, que acontecia uma vez por ano em Copacabana, na cobertura onde morava a jovem. Um colega de classe chamado Roberto solicitou-lhe insistentemente para convidar a filha de Maria, Amanda, que ele ali vira certa vez, pois nutria um sentimento especial pela menina. Carolina, então, satisfez seu desejo. A jovem rica apenas desejava prestar um favor ao amigo, a fim de mais facilmente obter dele favores acadêmicos.

Amanda aceitou imediatamente o convite. Todavia, confessou à jovem rica não possuir roupa adequada àquele tipo de evento. Tinha notícias de que os universitários costumavam comparecer muito bem vestidos ao sarau, com roupas próprias para aquela ocasião. No entanto, Amanda comunicou à Carolina que iria comparecer, mesmo assim, com um vestido simples feito pela mãe, já que não havia razão para se privar de um encontro com a arte por causa de futilidades.

OS PLANOS DA VIDA

No dia seguinte, ao experimentar a roupa, lembrou-se de que não tinha um único sapato, pois sempre usava tênis, calçado mais adequado para o trabalho na lanchonete. Procurou, meio entristecida, a jovem Carolina e afirmou que, infelizmente, não poderia comparecer justamente por esse motivo. A moça, a fim de não contrariar Roberto – o qual pusera o seu nome em dois trabalhos da faculdade – arranjou-lhe um sapato que, segundo ela, era o único que poderia emprestar, embora não combinasse com o modelo do seu vestido. Amanda não se incomodou. Estava convicta de que o centro das atenções não seria a moda, mas sim, a arte. Entretanto, a verdade é que costumava ocorrer um verdadeiro desfile de moda em ocasiões como aquela...

A moça mais cobiçada da festa era, sem dúvida, a dona da cobertura. Dotada de um corpo escultural, Carolina atraía para si os mais ardentes olhares. Possuía uma verdadeira coleção de namorados, e isto lhe era motivo de orgulho feminino. Entre as amigas, apostava, à maneira dos rapazes, que seria capaz de seduzir quem desejasse. Nela, a vaidade alcançava índices exorbitantes. Mesmo assim, costumava ser invejada pelas demais em função da sua beleza física. A cobiça vã daquilo que só se possui transitoriamente, pois o tempo é um cobrador inexorável.

Totalmente alheia a esses valores, Amanda idealizava o sarau. Imaginava o momento em que as pessoas iriam recitar poemas de Carlos Drummond de Andrade, Vinícius de Moraes, Ferreira Gullar, Mário Quintana e outros tantos poetas ilustres da literatura brasileira. Mal sabia que as poesias a serem declamadas eram, para a maior parte, apenas um recurso usado para se obter evidência pessoal. A realidade era chocante. Ninguém se aproximava de Amanda. Nem mesmo a companhia de Roberto fora possível, já que o rapaz fora vitimado por uma enfermidade súbita e não pôde comparecer ao evento. Permanecia francamente hostilizada pelos jovens que, por conta de sua condição social, julgavam-se superiores a toda gente. A menina simples encontrou consolo nos livros.

Quando Henrique chegou à cobertura, logo se deparou com Amanda, sentada no sofá. Conservava-se tão concentrada na leitura de uma antologia poética que nem sequer notou sua presença. O jovem acomodou-se em uma poltrona e passou a fitá-la silenciosamente. A fisionomia de Amanda ganhava, a cada verso lido, as diversas nuances significativas que as palavras adquiriam no poema. Henrique achava muita graça, mas optou por não interromper sua leitura. De repente, esboçou-se uma grande dúvida no semblante da menina, trazendo-a de volta à espaçosa sala em que se encontrava. Passou a olhar de um lado para outro, como se buscasse encontrar algo. Henrique não perdeu a oportunidade:

– Está me procurando, querida?

– Ah? Eh... por favor, você viu o *Aurélio* por aqui?

– Não, mas ele pediu para mandar lembranças – disse ele, brincalhão, deixando escapar simpática gargalhada, pela referência feita ao *Dicionário Aurélio*.

A menina teve vontade de rir também, contudo, procurou conter-se.

– Você é tão engraçadinho...

– Obrigado. Você também não é de se jogar fora!

Amanda desviou imediatamente o olhar, algo constrangida. Acabou encontrando o dicionário que procurava e passou a buscar o vocábulo cujo sentido lhe era desconhecido.

– Posso saber que palavra você está procurando?

– A palavra *ósculo*.

– Eu sei o que significa.

Amanda suspendeu levemente a cabeça. Ao observar o jovem, teve nítida impressão de já conhecê-lo. Henrique experimentou a mesma sensação. Fitaram-se durante alguns instantes. Havia um misto de atração e afeto naqueles olhares.

– Então fale...

Henrique levantou-se e caminhou lentamente ao encontro da jovem que lhe despertara desconhecidas emoções.

– Você quer mesmo saber o que significa?

Amanda sentiu-se ligeiramente trêmula e confusa. Que faria aquele rapaz? O que quer que fosse não permitiria. De modo algum. Ou permitiria?

– Quero...

Henrique sentou-se ao seu lado e tirou-lhe das mãos o pequeno dicionário.

– Prefiro não usar as palavras...

Carolina, que descia as escadas nesse momento, avistou Henrique e foi ao seu encontro, a fim de cumprimentá-lo.

– Henrique! É um enorme prazer receber um Toledo em minha casa!

Disfarçando a ligeira insatisfação perante a chegada repentina de Carolina, o jovem respondeu, com os olhos fixos em Amanda:

– O prazer é todo meu!

– Ah! Essa é a filha da nossa empregada...

– Bem, eu presumo que a filha da empregada tenha um nome.

Amanda dirigiu-se a Henrique, estendendo-lhe, educadamente, uma das mãos.

– Eu me chamo Amanda. Como você se chama mesmo?

– Henrique Toledo, seu criado.

O rapaz quase não teve tempo de beijar-lhe a delicada mão, visto que Carolina rapidamente solicitou que ele a auxiliasse na recepção dos demais convidados.

– Todos ficarão impressionados com a sua presença!

Carolina adiantou-se. O rapaz endereçou um olhar sutilmente provocante para Amanda, antes de se retirar. A menina não perdeu a oportunidade:

– Afinal, você vai ou não vai me dizer o que significa *ósculo*?

– Venha logo, Henrique! – solicitou Carolina.

– Só digo se você me der um beijo!...

Amanda aproximou-se e sorriu para Henrique.

– Desculpe, mas eu prefiro o *Aurélio*...

Transcorrido algum tempo desde o início do sarau, Amanda, cautelosamente, apartou-se por instantes da sala de estar e dirigiu-se à sacada do apartamento, embelezada por variadas plantas, que compunham uma belíssima ornamentação natural. Ao aproximar-se, retirou os sapatos, que lhe castigavam os pés, deixando-os à pequena distância da sacada, de onde se aproximou lentamente. A vista não poderia ser mais bela. Ondas e mais ondas desfilando no mar, o céu repleto de estrelas e a Lua brincando de se expandir naquele mar, cuja brisa suave ia ao encontro de seu rosto angelical.

Subitamente, ouviu um ruído e, voltando-se para trás, deparou-se com Henrique, a segurar-lhe o sapato. Sorrindo, o jovem se aproximou e lhe falou afetuosamente:

– Eu acho que nós estamos vivendo um conto de fadas...

Amanda sorriu, desajeitadamente, e redargüiu:

– Hum... só há um pequeno problema. Esse sapato não é meu. Na verdade, me foi gentilmente emprestado pela dona da casa.

– Ah, sim! A sua fada madrinha emprestou-os até a meia noite!

– Sim, mas eu acho que não vou agüentá-lo por tanto tempo. Por isso, eu lhe peço para que nem tente colocar esse sapato no meu pé, pois, do contrário, você não seria um príncipe, mas sim, um carrasco impiedoso!

Os jovens compartilhavam boas risadas quando Henrique, quebrando o silêncio que se fez após o momento de doce descontração, falou-lhe em tom apaixonadamente poético:

– *Em vão*
Eu busco nas estrelas
O brilho do teu olhar
E descubro-as opacas
Diante da luminosidade
Que do teu ser
Irradia-se
Espraia-se
Deslumbra-me

– É um belo poema. Eu não o conheço. Você sabe de quem é a autoria? – perguntou Amanda.

Henrique pensou um pouco e respondeu:

– Sim, é nossa. Na verdade, eu o fiz agora. Catando a poesia que se desprende do teu olhar, do teu sorriso, do teu corpo e ansiando por sorvê-la diretamente dos teus lábios, tão puros quanto este momento inesquecível.

– Você sabe o que isso significa? – perguntou, ainda, o rapaz, simulando seriedade hermética.

– Nossa! Acho que significa que você está mesmo muito inspirado.

OS PLANOS DA VIDA

– Significa que nós seremos "felizes até que a morte nos separe". Acredito que nós mereçamos este *happy end*, não é mesmo?

Devolvendo-lhe o terno e faceiro olhar, Amanda recuperou delicadamente o sapato, que se encontrava nas mãos do rapaz, e falou-lhe docemente:

– Acho que não. Significa que nós seremos "felizes por toda a eternidade'.

– A eternidade é pouco para nós – afirmou Henrique.

– Não acha que estamos exagerando?

– Não se preocupe. Dizem que no começo é assim mesmo.

– E como fica depois? – inquiriu Amanda.

– Isso nós vamos ter que descobrir juntos...

Visão do biógrafo materialista

Capítulo V

Tenho a ligeira impressão de que irei contrariar as expectativas dos honrados leitores desta brilhante biografia. Contudo, devo relatar os fatos exatamente na seqüência em que ocorreram. Henrique e Amanda não se casaram. O noivado durou apenas seis meses.

Vocês não vão acreditar. Sinceramente, imagino como não deve ter sido tamanha a desilusão que experimentou o pobre rapaz rico. Que situação difícil para um homem. Puxa! Eu não sei o que faria no seu lugar. Ih... não quero nem imaginar. Numa situação dessas a gen...

... o que foi? Está ansioso (a) por saber o que aconteceu? Ora, leitor (a), dar-lhe-ei o mesmo conselho que Brás Cubas deu aos leitores de suas memórias: leia logo o final do livro! Se quiser continuar fruindo dessa perfeita obra de arte, terá de ser do meu jeito. Até me esqueci do que eu estava falando! Ah... Lembrei-me! Mas acho melhor iniciar um outro parágrafo. *Well,* vamos mudar de assunto e esquecer a discussão.

O fato é que Henrique parece ter flagrado Amanda nos braços de um rapaz chamado Roberto Silveira. Dizem as más línguas que ele chegou mesmo a presenciar um beijo tão prolongado quanto a sensação dolorosa a que fora submetido injustamente. Foi um tremendo escândalo na época! No dia seguinte, houve vários comentários maliciosos nas colunas sociais e, nos lábios dos colegas de faculdade, aquele sorrisinho contido de quem se compraz em apreciar a infelicidade alheia.

Todos questionavam a conduta da noiva. A tese mais aceita e difundida foi a de que a moça ansiava por aplicar o chamado golpe do baú, mas acabou sendo traída por seus sentimentos. Apaixonou-se por um rapaz pobre. Afinal de contas (ou seria ao final das contas?), o patrimônio da família Silveira não chegava à quarta parte do que possuía a família Toledo.

OS PLANOS DA VIDA

Eu fiquei tão empolgado com esse caso, que resolvi pesquisar a lista de convidados presentes daquela noite. Precisava ter acesso a informações mais precisas. Eu consegui encontrar apenas um convidado. Pedi a ele que me fornecesse mais detalhes acerca do rompimento do noivado. Ele recusou-se veementemente, afirmando que não seria uma atitude correta, simplesmente por se tratar de uma questão íntima e de pessoas já falecidas.

Todavia, logrei convencer o cidadão, esclarecendo-o a respeito de minhas reais intenções; sou o biógrafo de Henrique Toledo. Quem poderia respeitar mais a sua memória do que eu? Ele concordou, apenas me pediu para ler este capítulo antes da publicação do livro. Fiz mais que isso: permiti que acompanhasse a redação desta parte da biografia. Ele prontamente aceitou.

O que será que aconteceu naquela noite? A cena que descrevo a seguir é uma reconstituição feita a partir das declarações do referido convidado e de fragmentos de algumas reportagens que foram publicadas na época.

O episódio ocorreu na cobertura de Carolina Albuquerque durante sua festa de aniversário. Henrique dançava, inquieto, uma música lenta com tal jovem. De repente, ela rouba-lhe um beijo. Henrique a afasta bruscamente. Olha, desesperado, de um lado para o outro. Com certeza, temia que a noiva tivesse visto tudo. Parecia bastante aborrecido. Acaba largando a moça em meio à ampla sala. Saiu em busca de Amanda. Perguntou ao convidado que está me ajudando a escrever este capítulo:

– Por favor, você viu a minha noiva?

– Ela está bem ali na sacada conversando com o Roberto – respondeu nosso amigo.

– Com quem?!!

Aqui nós nos deparamos com uma incógnita: Amanda estava aos beijos com Roberto, segundo muitos afirmam? Não há como saber direito. Nosso convidado não estava próximo à sacada, onde eles estavam. As declarações divergem; uns afirmam que sim, outros que não. Eu, por exemplo, creio que seja verdade. Meu co-autor temporário *acha* que não.

Quando Henrique encontrou os dois juntinhos na sacada do prédio, agrediu violentamente o rapaz, que se defendeu como pôde, limitando-se a bradar insistentemente que amava a moça e que, por ela, seria capaz de "mover mundos e fundos". O pivô do litígio, Amanda, tentava, inutilmente, apartar o confronto físico. O espanto foi geral diante da passividade de Roberto.

Ele não revidava os golpes que lhe eram desferidos, em meio à sistemática agressão. Gritava convictamente: "quando um não quer, dois não brigam". Henrique, irônico e sarcástico, respondia no mesmo tom e estilo: "Eu dou um boi para não entrar numa briga, mas dou uma boiada para não sair dela". O segurança do prédio encarregou-se de retirar Roberto do local, a pedido de Carolina.

Carolina assegurou ao "amigo" Henrique que lhe daria todo o apoio naquele momento difícil. Ela dirigiu impropérios e acusações à Amanda, a meu ver, absolutamente legítimas. Chamou-a de sonsa e dissimulada. Acusou-a de noiva adúltera e solicitou ao segurança que também a retirasse imediatamente de sua casa. Sabem o que fez Henrique, mesmo após a referida traição? De acordo com o depoimento de alguns presentes aos jornalistas, bradou em alto e bom som ao segurança:

– Não encoste a mão nela!

Vocês acreditam que ele ainda a acompanhou até a porta? Estava totalmente desnorteado e transtornado; sequer conseguia fitar a noiva, a essa altura *ex*, nos olhos. Cabisbaixo, arrancou a aliança do dedo e a entregou à moça, que a recebeu profundamente silenciosa. Creio que ela deve ter ficado assustada com a reação do noivo, cuja polidez sempre fora notória.

Segundo lembra meu co-autor temporário, muitos convidados ainda puderam ouvir uma tentativa de diálogo:

– Acabou.

– Henrique, por favor...

– Eu nunca mais quero ver você.

Carolina, espertíssima, acabou se aproveitando da situação. Aproximou-se de ambos e disse friamente:

– Diga a sua mãe que ela está despedida. Não quero gente como você em minha casa.

– Não me procure nunca mais, Amanda – disse Henrique, não muito convincente.

Amanda, chorando, retirou-se sem dizer uma palavra.

Henrique, após a saída da noiva, titubeou. Meu co-autor temporário jura que Henrique apresentava uma certa indecisão entre permanecer na festa e ir correndo atrás da noivinha. Quedou-se, amuado e pensativo. Mas, felizmente, conteve-se e não cometeu o despautério de se humilhar ainda mais. Carolina aproveitou o ensejo para consolá-lo. Ele bebeu muito durante a noite. Muito mesmo. Enquanto isso, Amanda estava – vejam vocês, leitores – acompanhando Roberto ao hospital!

Henrique, imediatamente após a ocorrência desastrosa, interessou-se pela esplendorosa e refinada Carolina. Começaram a namorar e o rapaz, orgulhoso, fazia questão de exibi-la a todos, especialmente à Amanda, a fim de mostrar como estava realizado como homem.

Realmente, ele necessitava envolver-se com alguém de seu nível, de sua classe social. A experiência e astúcia de Carolina Albuquerque influíram decisivamente na sua conduta, antes demasiadamente conservadora. Passaram a freqüentar, constantemente, boates e casas de *shows*, além de festas intermináveis. Ora, Henrique não precisava mais viver dando satisfações à sogra, tendo que obedecer à questão do horário e coisas do gênero, num tipo de namoro que eu considero ultrapassado. O relacionamento de Henrique e Carolina era intenso e sem leis.

E já que estou falando de lei, posso assegurar-lhes de que tenho, em minhas mãos, o registro de uma famosa ocorrência, que foi feita numa delegacia do Rio, datada justamente dessa época. Imaginem vocês que um guarda encontrou Henrique dentro de um carro num local ermo e afastado, em companhia de Carolina. Eh... acho que vocês já compreenderam, não é? Fantasias de jovens...

Segundo o depoimento do policial, Henrique (induzido pela esperta Carolina) ainda tentou negociar com ele que, no entanto, preferiu afirmar a sua honestidade e compromisso com o dever. Inacreditável, mas é verdade. Logicamente que essa postura, a meu ver intransigente e radical, prejudicou ainda mais a situação dos jovens.

Informados acerca do ocorrido, Marcelo e Lúcia dirigiram-se rapidamente à delegacia, juntamente com um advogado. A mãe de Carolina, embora preocupada, parece que não quis tomar conhecimento do fato, recusando-se a comparecer em tal ambiente. Os jovens seriam liberados mediante pagamento de fiança. Procurei esse advogado, hoje bastante idoso, e ele me descreveu minuciosamente a cena. Fez questão, aliás, de ditar as linhas que se seguem:

"O Sr. Marcelo Toledo e eu nos dirigimos até a cela onde se encontrava Carolina, que foi libertada, mas nem sequer nos agradeceu o gesto. Caminhando a passos largos e irritados para a sala onde se encontrava a sra. Lúcia Toledo, limitou-se a reclamar de tudo e de todos. Gênio forte.

Mais adiante, chegamos à cela em que se achava Henrique. Naquela época, a empresa enfrentava inúmeras dificuldades, fato que deixara o sr. Marcelo Toledo bastante preocupado. O pai, então, expõe a situação ao filho. Como se não bastassem os inúmeros problemas no escritório, ele ainda lhe impunha aquele sofrimento. Que se contivesse e refletisse no que andava fazendo de sua vida. Voltasse a ser o filho exemplar que sempre fora: estudioso, responsável, atencioso, carinhoso. O que estaria havendo, afinal?

E o rapaz, alcoolizado, colocou as mãos sobre a cabeça e confessou:

– Pai, eu amo a Amanda!"

VISÃO DO PLANO ESPIRITUAL

Desvio

Dois anos haviam se passado desde o reencontro de Henrique e Amanda no plano material.

Henrique estava ansioso por chegar à lanchonete onde trabalhava Amanda, a fim de lhe fazer uma surpresa. Dirigia ouvindo algumas músicas de que ambos gostavam muito, canções românticas que sublimavam o amor verdadeiro. Amanda brincava dizendo que elas faziam parte da trilha sonora do namoro deles. Um envolvimento que ainda era um tanto recente, mas espiritualmente antigo.

A cumplicidade de ambos causava admiração. Não imaginavam as pessoas a veracidade de suas afirmativas, quando diziam que os jovens haviam nascido um para o outro.

O rapaz procurou um lugar mais adequado para estacionar o carro. Avistou o estabelecimento comercial. Logo estava diante da menina, uniformizada, a lhe sorrir alegremente. Amanda, em tom jocoso, suspendeu o bloquinho para anotar-lhe o pedido.

– Boa tarde, senhor!

– Boa tarde, senhorita!

– O que deseja?

– Você. Por inteira. Por toda a vida. Por amor.

Amanda silenciou-se, magnetizada pelo doce e ardente olhar de Henrique.

– Não vai anotar o meu pedido de casamento?

Durante a festa de noivado, Amanda recolhia-se às lembranças do dia em que Henrique pediu sua mão em casamento. Observava as pessoas à sua volta. Os pais de Henrique não conseguiam ocultar o seu contentamento. Sempre fora muito bem recebida pelos Toledo, à exceção dos avós paternos de Henrique, ausentes, que a hostilizavam abertamente. Apesar disso, conservava-se bastante feliz, quem sabe um dia eles... Surpreendeu-se com o abraço do noivo. Os olhares se encontraram, os lábios também.

– É de causar inveja o amor desses dois, não é? – afirmou uma moça ao observar a cena.

– Ora, isso é só porque está no começo! – retrucou Carolina.

– Mas eles já têm dois anos de namoro!

– Grande coisa! Para mim, esse casamento não sai. Que mau gosto casar-se com essa menina brega, eu hein!

– Carolina, você está é com raiva porque ele preferiu a filha da sua empregada! E logo você, que se diz tão sedutora e irresistível, não foi capaz de despertar o interesse de Henrique Toledo. Aliás, eu acho que ele é mesmo o único homem que nem sabe que você existe!

– Minha querida, escute bem o que eu vou lhe dizer: se *eu* quiser, essa festinha ca-fo-na pára por aqui mesmo. Quer apostar?

– Uma caixa de *champagne*!

– Feito!

Imediatamente após o desafio, a jovem rica passara a insinuar-se para Henrique, no decorrer da festa, de maneira ostensiva. Olhares ardentes, sorrisos abundantes. Não satisfeita, decidiu roubar a cena, dançando para os convidados. Cena lastimável. Coreografias repletas de sensualidade animalesca e degradante. Para uns, um sucesso indiscutível. Para outros, uma exibição descabida.

Aproximou-se dos noivos e indagou com sofreguidão:

– Henrique, meu querido, você acha que eu danço bem?

O rapaz, apoiando o queixo no ombro de Amanda e, tentando conter o riso, retrucou:

– Sem dúvida! Mas eu creio que seja melhor você

não beber mais, porque a sua dança chegou bem perto de um *strep tease*! Há... há... há...

Carolina sentira-se humilhada. Acabou por tornar-se motivo de pilhérias entre as amigas. Havia perdido a aposta. Mas algo mudara dentro de si após aquele capricho não satisfeito. Passou a olhar o jovem rapaz com outros olhos. Nunca um homem a havia tratado daquela forma; muito menos dispensado a ela a atenção e o carinho que Henrique devotava à noiva. Questionava-se intimamente: "o que eles tanto conversam?" Aquela alegria a estava incomodando. Pensaria em um jeito de tê-lo para si! E foi desse modo que a ânsia de posse estendeu-se a mais um setor de sua vida. Queria-o. Venceria a aposta. Era apenas uma questão de tempo.

Após a festa de noivado, Carolina passara a assediar Henrique. Fazia-o agora com mais cautela, para que Amanda não percebesse nada. O jovem não cedia aos seus apelos, conservando-se fiel à noiva. Percebendo-lhe a resistência, Carolina resolveu mudar de tática. Decidira, então, envenenar o relacionamento dos jovens, incutindo nele dúvidas corrosivas e cultivando intrigas em torno dos passos do casal.

Procurava acentuar-lhe a vaidade masculina, afirmando o quanto se sentia atraída por ele e insinuava, maliciosamente, que, por mais que se esforçasse, não poderia jamais entender como Amanda conseguia adiar o momento mágico da entrega. Afirmou que a jovem tinha lhe confessado o desejo de se preservar até as núpcias, numa conversa entre amigas. Na verdade, nunca havia sido travada tal conversa entre ambas. Carolina, experiente e astuciosa, deduziu que os jovens não mantinham relações e, para ela, essa seria a brecha por onde haveria de penetrar para atingir os seus objetivos.

– Sinceramente, Henrique, eu acho que a Amada deve ter alguma dúvida a respeito do amor que sente por você. Sabe, foi assim o jeito como ela falou. Você dispõe de conhecimentos no âmbito da psicologia, não é? Adiar também é uma forma de resistência. Eu acho que quando se ama realmente, nem se pensa. Cai por terra toda resistência. Só há espaço para a entrega, a satisfação plena e incondicional do desejo – afirmou a jovem, persuasiva, confundindo amor com sensualidade.

Henrique sentia-se cada vez mais inseguro. Um dia, estava auxiliando Amanda em alguns trabalhos escolares. A normalista permanecia bastante concentrada na atividade, após as primeiras instruções do noivo, por se tratar de uma disciplina pela qual era fascinada. O tema indicado para a monografia referia-se à alfabetização a partir do método de Paulo Freire. Henrique a contemplava, silenciosamente. Em seus pensamentos, visualizava imagens de intensa troca de prazer entre ambos.

– O que foi, amor? Você está tão calado...

– Nada não...

Após algum tempo, o rapaz aproximou-se repentina e bruscamente e deu-lhe um beijo ardente e prolongado no pescoço, causando na jovem uma reação que ele não havia previsto.

– Não, Henrique, pára! Está fazendo cócegas! Há...
há... há...

– Cócegas?!!

✳ ✳ ✳

Carolina, não satisfeita, insistia em seu discurso:

– Henrique, você é um homem! Precisa adquirir
experiência!

Deu continuidade aos planos de separação do casal.
Sempre atenta, observou a maneira vilipendiosa e indiferente
com que o avô de Henrique, Jorge Toledo, tratava Amanda,
em virtude de sua condição financeira, e resolveu procurá-
lo. Não se negaria a ser-lhe mais um aliado. Conhecia-o bem.
Pediu-lhe que intercedesse por ela. Jubiloso com a atitude
da jovem, assim o fez o ancião. Ensaiou aproximação com o
neto, buscando conversa, simulando preocupação.
Aconselhou, habilmente, que o jovem mantivesse relações
sexuais com Carolina apenas até o casamento. Em sua nociva
prédica, selecionou palavras que mexessem profundamente
com o brio do rapaz.

– Henrique, primeiramente, quero desculpar-me
por não ter podido comparecer ao seu noivado. Sabe como
é, são muitos os negócios e agora que ingressei na carreira
política... Bem, eu sei que nossas relações são muito
restritas e realmente não estou ciente do que o seu pai
andou lhe contando a respeito de nossos desentendimentos e... ele nunca falou nada com você a esse
respeito? Melhor assim! Eu sinceramente gostaria de lhe

dar alguns conselhos em relação à jovem Carolina. É. Ela me falou do interesse que tem por você, sim. Calma! Só quero que me ouça um momento. Você não precisa concordar comigo, não é? Mas o fato é que eu realmente não entendi a sua negativa. Filho, homem que é homem não dispensa mulher! Pense comigo: ela tem interesse em você; você não quer forçar um relacionamento prematuro com a sua noiva, certo? Não é isso que está acontecendo? Qual é o problema, então? Você é ainda muito jovem e precisa saber de muitas coisas. Veja bem, existem mulheres que desejam casar, formar família, ter um lar. Como a sua noiva, entendeu? Agora, há outras que só querem mesmo é aproveitar a vida para depois pensar em outras coisas. Como? Fidelidade?! Ah, Henrique, por favor! Aposto que foi o seu pai quem andou ensinando isso a você...

Os diálogos se sucediam e Henrique ia ficando cada vez mais confuso e inseguro...

✳ ✳ ✳

– Henrique, você já viu o jeito como o Roberto olha para a sua noiva? Quase a devora com os olhos. Não reparou? Quanta ingenuidade! Você sabia que ele sempre foi a fim dela? Aliás, muito antes de você. Inclusive eu só a convidei para aquele sarau lá em casa porque ele me pediu insistentemente. Olha lá! Pegando o livro das mãos dela só para puxar conversa. Acho que ele ainda tem esperanças de conquistá-la.

✳ ✳ ✳

OS PLANOS DA VIDA

– Amanda, eu não quero ver você conversando com aquele Roberto de novo, entendeu? Se aquele protótipo de *lugar-comum* se aproximar de você mais uma vez eu vou parti-lo ao meio. Não interessa o porquê, eu não quero e pronto. Não... não, Amanda, eu não estou com raiva de você. Desculpe, eu só estou um pouco nervoso. É só você fazer o que eu pedi, está bem, meu amor? Eu também amo você, muito. Você é minha. Só minha.

✳ ✳ ✳

– Ora, não me venha com falsidade, Roberto. Eu sei muito bem do seu interesse pela minha noiva! Não importa! Se você não pode deixar de gostar, pode muito bem se conservar longe. Pois bem, você já está avisado. Vencer o melhor?! Mas você ainda tem a audácia de me propor uma disputa pela minha própria noiva?! Eu só não parto pra cima de você agora mesmo porque não fui educado para isso!

✳ ✳ ✳

– Não sei bem a opinião de Amanda, mas acho que o Roberto não é páreo para você. Uma vez, antes de conhecer você, logicamente, a Amanda me disse que o achava muito simpático. Ora, nem isso eu acho que ele é, sabia? Vive dizendo frases feitas... parece um papagaio do senso comum.

✳ ✳ ✳

– Não quer dançar um pouco, Henrique? Minha festa de aniversário já está quase acabando e você ainda não aproveitou nada. Tenho certeza de que sua noiva não vai se importar se eu roubá-lo por um instante.

– Você não vai se importar, Amanda?

– Eu? Bem... eh... não.

– Não?!

– Bem, se você quiser... se você... quiser... tudo bem. É que eu ainda não sei dançar direitinho e você gosta tanto.

– Já que você não se incomoda nem um pouco!...

* * *

– Olá! O que você está fazendo aqui, nesta sacada, tão pensativa, Amanda? Lembre-se: pensando morreu um... esquece! O seu noivo está dançando com a bela Carolina lá dentro...

– Eu sei...

– Esse cara não a merece! Eu não a deixaria sozinha nem por um minuto. Quem ama, cuida.

– Desculpe-me, mas se você não ficar chateado, eu prefiro permanecer sozinha.

– Por quê? Antes só do que mal acompanhada, é isso?

– Não, imagina. É que...

– Eu acho que você é que está chateada. Veio pra cá porque não queria ficar vendo o seu noivo dançando com outra, não é ?

– Sabe, nem eu sei ao certo o que estou sentindo. Realmente, quando eu vi o Henrique dançando com a Carolina, me bateu uma coisa no peito... um aperto, uma dor, um pouco de medo...

– Eu entendo. Eu sinto o mesmo quando a vejo com... deixa pra lá.

– Pareceu-me um pressentimento ruim...

✻ ✻ ✻

– Por favor, você viu a minha noiva?

– Ela estava bem ali na sacada conversando com o Roberto.

– Com quem?!!

✻ ✻ ✻

– Amanda, olha, eu preciso muito lhe dizer uma coisa. Desde o momento em que eu a vi pela primeira vez, não pude esquecê-la. Foi amor à primeira vista. Você é o ar que eu respiro! A minha razão de viver...

– Deixe de brincadeira, Roberto!

– Eu não estou brincando, meu amor...

– Mas então foi por isso que o Henrique...

– A esperança é a última que morre, por isso eu sei que um dia, um dia você será minha! O Henrique não é homem pra você.

Henrique ouviu integralmente as últimas palavras de Roberto. Descontrolou-se. Como ele podia insinuar-se para a sua noiva tão descaradamente? E Amanda, por que ouvia aquela declaração, se ele a havia proibido terminantemente de conversar com o rapaz?

E foi assim que Henrique, debaixo de influências inferiores e, num acesso de cólera e ciúmes, deu expansão aos seus impulsos: violentos para com Roberto e sensuais para com a jovem Carolina.

Visão do biógrafo materialista

Capítulo VI

Indubitavelmente, ao sr. Marcelo Toledo não faltavam motivos para preocupação com os negócios, conforme o depoimento do nosso caríssimo advogado, apresentado no capítulo anterior.

De fato, o pai de Henrique jamais poderia supor que o seu contador, amigo e braço direito na empresa, não era o que se poderia chamar de um homem de confiança. Ambicioso e desleal, vendeu-se por uma oferta que lhe pareceu mais atraente que o trabalho: o roubo.

OS PLANOS DA VIDA

Ao longo de vários anos, trapaceou, sem o mínimo escrúpulo, e transferiu uma quantidade exorbitante de dinheiro para uma conta no exterior. Enfim, endividou a empresa, que acabou perdendo totalmente a credibilidade no mercado. Fugiu sem deixar um rastro sequer. Imaginem o prato cheio que foi para os jornalistas! A Imprensa serviu-se como quis do escândalo, deixando fartos os membros da família Toledo, que não tiveram sossego por muito tempo, vítimas do assédio dos repórteres sequiosos de informações frescas.

Marcelo Toledo honrou e saldou todas as dívidas. Vendeu inúmeros imóveis do patrimônio que o seu talento havia edificado e, a inveja, aliada à cobiça alheia, destruído. Pediu ajuda ao pai, o então eminente político Jorge Toledo, que se omitiu totalmente. Rancoroso, o ancião estipulou um preço injusto para a empresa. Acuado e endividado, Marcelo aceitou a proposta.

Excessivamente honesto, não permitiu que qualquer pessoa, a não ser ele próprio, fosse prejudicada com o golpe de que fora vítima. Ele e a esposa, Lúcia Toledo, estavam inexplicavelmente conformados com o que havia ocorrido. Simplesmente não alimentavam nenhum propósito de vingança em relação ao "amigo", o contador inescrupuloso.

Henrique, ao contrário, desejava reverter a situação e fazer justiça a todo custo. Acima de tudo, doía-lhe assistir a derrocada do pai e vê-lo gastando o pouco que lhe havia restado para custear os seus estudos. Revoltou-se, sobremaneira, contra o avô que, futuramente, iria se tornar o seu maior rival, de acordo com o que veremos mais adiante.

Também devo esclarecer que Henrique não se conformou com a queda brusca do seu padrão de vida. Realmente, não nascera para o anonimato ou mesmo para uma vida de privações materiais. Após esse episódio, começaria a brilhar de maneira mais autônoma. Propunha-se a reconstruir o patrimônio que o pai havia perdido, restituindo-lhe a dignidade.

Entretanto, ainda havia alguém obnubilando os novos planos de Henrique: Amanda. Segundo minha fontes, após a falência dos negócios do pai, Henrique procurou essa jovem com o ingênuo intuito de reatar o namorico infrutífero. Esta, como era de esperar, rejeitou-o. Afinal, ele agora não mais poderia oferecer-lhe uma vida de luxo e mordomias. Ela assegurou-lhe de que havia aceitado o pedido de casamento de Roberto Silveira.

Carolina pediu Henrique em casamento naquele mesmo dia. Ora, o que mais um homem podia querer? Além dos dotes de mulher, ainda havia a sua fortuna, que Henrique passaria a administrar magnificamente. Ele não recusou a proposta; ainda restava-lhe o desejo de vingança contra o avô e a necessidade de ajudar os pais.

Toda a Imprensa noticiou a cobertura completa do matrimônio de Henrique Toledo com Carolina Albuquerque. Fora, sem dúvida, um grande acontecimento! O luxo da cerimônia e da festa causou inveja às famílias mais abastadas. O vestido da noiva fora idealizado por famosíssimo figurinista e confeccionado por sua esplendorosa equipe. Por isso, sequer ousa-se cogitar aqui o preço de tal formosura da moda. Havia, em cada minúcia

OS PLANOS DA VIDA

da cerimônia, a suntuosidade impecável e a marca do bom gosto.

Viajaram para a Europa em lua-de-mel e só retornaram definitivamente ao Brasil por volta de oito anos depois. Carolina já havia presenteado Henrique com o herdeiro do patrimônio que ele ardorosamente dilatava: Bruno Toledo. Eh, bem, como posso dizer? Há um segredo envolvendo essa criança, mas eu contarei isso na hora certa... E depois, posso assegurar-lhes de que ficou tudo em família...

Nosso herói resolvera investir pesado na cirurgia plástica, sua habilitação como médico, e o retorno, em termos de lucro e prestígio social, não tardaria a chegar.

Visão do plano espiritual

Logro

Se pudéssemos responsabilizar as palavras pelos desentendimentos, incompreensões e equívocos, certamente nossa consciência estaria apaziguada. Indubitavelmente, mais fácil seria conceber e tratar a palavra como uma entidade autônoma. Nenhuma dificuldade encontraríamos em afirmar que há palavras capazes de representar, astuciosamente mascaradas, a realidade dos fatos. Também poderíamos advertir a muitos, cautelosamente, a respeito da existência de palavras extremamente sedutoras que se enfeitam, persuasivas, a fim de alcançarem seus objetivos. E o consolo certamente viria ao mencionarmos aquelas que se despem dos convencionalismos, exibindo suas formas verdadeiras.

Todavia, a palavra existe *no* e em função *do* Homem, único responsável pelas formas que ela adquire e pela autenticidade do conteúdo que veicula. Deste modo, os discursos são construídos segundo a forma pela qual o ser apreende a realidade. Como conseqüência, as palavras poderão constituir-se em bons ou maus instrumentos, de conformidade com as tendências daqueles que delas fazem uso. Exteriorizações do *eu*, elas dão a exata medida da nossa sabedoria ou ignorância, transparência ou hipocrisia, egoísmo ou altruísmo, amor ou ódio:

– Grávida?!

– Ele já sabe de tudo, mas fugiu à responsabilidade de assumir a criança. Hipócrita! Seduziu-me com palavras apaixonadas e agora simplesmente insiste para que eu faça um aborto.

– O Henrique pediu isso a você?

– Ele não me pediu, simplesmente exigiu.

– Não é possível... o meu Henrique não seria capaz de uma coisa dessas.

– E tem mais, Amanda, se você quer saber: o "seu" Henrique simplesmente duvidou de que fosse ele o pai da criança.

– Ele disse isso a você? Que duvidava?

OS PLANOS DA VIDA

– Disse com todas as letras. Você sabe o que é ouvir isso daquele que foi o único homem de sua vida?

– Eu não sei o que pensar sobre isso tudo. Eu... não sei o que dizer. Parece-me que você está falando de outra pessoa...

– Ele afirmou-me que pretende reatar o noivado com você e que essa criança iria atrapalhar tudo. Disse que mesmo se eu provasse que o filho é dele, ele jamais o assumiria. E esbravejou: "Essa criança não estava nos meus planos!"

– Meu Deus, como isso foi acontecer?... Com certeza, há alguma coisa errada. O Henrique é responsável, é bom...

– Bom? Você nunca conheceu a verdadeira face de Henrique Toledo! Afinal de contas, você sempre foi amada, respeitada, enquanto eu apenas fui usada!

– Eu vou procurá-lo. Quem sabe se nós dois conversarmos eu...

– Ora, não se faça de santa! Eu sei que você está louca para recuperar o seu noivinho perfeito.

– Isso não é verdade...

– Claro que é! Você sempre teve inveja de mim! De tudo o que eu tenho! Você sabe que eu sou bem mais bonita e atraente do que você! E eu tenho certeza de que você está se mordendo de ciúmes dessa criança!

– Carolina, por favor, eu não quero discutir...

– Não há mais nada a ser discutido! Vocês venceram! Eu vou fazer esse aborto! Está decidido! Não posso enfrentar isso tudo sozinha. Imagine minha família saber que eu estou prestes a ser mãe solteira! Olha aqui, vocês podem até ficar juntos, mas o preço dessa felicidade será a morte de um inocen... ai... Amanda, por favor, me ajude!

– O que foi? Você não está se sentindo bem, Carolina?

– Eu estou meio tonta.

– Venha, sente-se aqui.

– Amanda, você vai me prometer uma coisa, você promete?

– Sim, eu prometo.

– Você não vai contar ao Henrique que eu estive aqui, entendeu?

– Mas por quê?

– Porque ele me proibiu terminantemente de falar com você a esse respeito. Você... ai... que vontade de vomitar... eu só vim até aqui porque estou desesperada!

– Entendo.

– Eu acho que acabei ofendendo você, não é? Perdoe-me. É que é muita pressão...

– Tudo bem. Eu a compreendo.

✳ ✳ ✳

– E então, Carolina, acha que a Amanda acreditou em você?

– Ah... Roberto. Até parece que você não conhece os meus dotes de atriz!

– Você também vai dizer para o Henrique que o filho é dele?

– É claro que não! É impossível mentir para ele... O Henrique não é bobo.

– E quem é o pai dessa criança, afinal?

– Ah... um homem rico, poderoso e... casado.

❊ ❊ ❊

– Casamento?!

– Sim, Amanda. Eu quero que você seja a mãe dos meus filhos! Sei que ama o Henrique, mas farei com que o esqueça. Eu lhe darei um tempo para você pensar na minha proposta...

– O Henrique vai ser pai, Roberto.

– A Carolina já me contou tudo. Ele foi muito irresponsável, engravidando-a. Se ele não quiser se casar com ela, essa criança não virá ao mundo. Por isso, você tem que se afastar dele...

❊ ❊ ❊

– Eu sempre tive verdadeiro pavor só de pensar que poderia perder você, Amanda. Confesso que fui ciumento e possessivo, mas estou muito arrependido. Eu conversei com o meu pai a nosso respeito. Não obstante os problemas que tem enfrentado na empresa, ele me ajudou muito com seus conselhos. Ele e minha mãe mandaram um grande abraço para você.

– Eu sinto muita falta deles.

– E eu de você. Não sabe a saudade que senti de nossos ósculos apaixonados!

– E a Carolin...

– Esqueça a Carolina. É você que eu amo. Por isso, creio que devemos marcar a data do nosso casamento.

– Henrique, a Carolina, ela estev...

– Eu não quero mais falar a respeito da Carolina. Amanda, por favor, esqueça esse episódio. Tudo não passou de uma aventura da qual eu me arrependo muito.

– Mas você não pode simplesmente abandoná-la agora...

– Quando então? A Carolina nunca representou nada pra mim. Eu não serei hipócrita a ponto de negar que me senti atraído por ela, mas não passou disso. Éramos apenas instinto, não havia nenhum sentimento que nos unisse. A verdade é que eu apenas a usei para ferir você, para provocar ciúmes.

– Você foi longe demais, Henrique.

– O nosso grande problema é que você não me desejava! Por que não foi atrás de mim? Deixou-me nos braços da Carolina...

– Você não confiou em mim, Henrique. Não me deu chance de falar, apenas acusou-me. Além disso, eu nada podia fazer diante do seu desejo por outra mulher...

– Meu desejo é você! É você que eu amo! Só você pode me possuir por inteiro. Amanda, eu sempre respeitei a sua decisão de se preservar até as núpcias, mas houve um momento em que eu questionei isso. Quando soube da paixão do Roberto por você, eu enlouqueci de ciúme. Eu me sentia tão inseguro. Pensei que se nós fizéssemos amor, haveria um elo mais forte entre nós. No entanto, mantive relações com outra mulher e não me sinto nem um pouco ligado a ela. Na época, eu ainda tentei seduzir você...

– Tentou?!

– Mas, como vê, você nem sequer percebeu... Achei ridícula a minha inexperiência. Eu fiquei confuso. Tinha muito receio de abordá-la nesse sentido.

– Nós poderíamos ter conversado sobre isso.

– Sim, nós nunca conversamos sobre estas coisas e isso foi um erro. Hoje eu reconheço a importância do diálogo num relacionamento. Amanda, eu sei que errei, mas não foi por falta de amor.

– Eu sei disso.

– Tudo isso aconteceu porque eu não ouvi você.

Proibi que conversasse com o Roberto, mas nunca soube o que você sentia por ele.

– Ele... pediu-me em casamento... mas...

– É claro! Eu deixei você sozinha e o *frase feita* se aproveitou disso.

– ... eu o amo muito, Henrique, sempre o amei.

– Como sempre *o* amou? Eu não estou entendendo.

– Por favor, Henrique, esqueça. Eu nunca devia ter dito nada disso. Eu...

– Mas então você não me amava?

– Amava!

– Amava?! Agora eu já entendi tudo!

– Nós temos que nos separar, Henrique. É a melhor coisa a ser feita agora.

– Já chega!Até agora você só disse tudo o que eu mais temia ouvir. Meu Deus, não posso suportar isso! E os planos da nossa vida? Nosso amor... o casamento... os filhos?

– Um filho... Ah, Henrique, você sabe perfeitamente que agora não somos apenas nós dois.

– Ele sempre estaria entre nós, não é mesmo?

– Olha, é apenas nele que eu penso neste momento! Ele não tem culpa de nada.

– O que você está me dizendo? A culpa é minha,

então? É isso? Eu não posso cometer um único erro porque isso é suficiente para que seus sentimentos mudem repentinamente?!

– Não se trata disso, Henrique. O que eu sinto nem é o mais importante nesse momento. Por isso, eu resolvi aceitar o pedido de casamento do Roberto.

– Chega! Eu... não suporto ouvir mais nada...

– Nós já estamos com a data do nosso casamento marcada e eu acho que você e a Carolina devem fazer o mesmo!

– E por que tanta pressa?

– Por que, Henrique? Porque, se você não sabe, uma gravidez só dura nove meses!

– Gravidez?! Então você es...

– Eu fiquei sabendo há pouco tempo.

– Como, Amanda? Como você...

– Bem, eu não deveria estar lhe contando isso. Eu estou numa situação muito delicada, mas eu fiquei sabendo foi... foi conversando com... a Carolina.

– Com a Carolina?

– É... nós duas nos encontramos... casualmente. Bem, como eu dizia, eu estava com a Carolina eh... passando um mal estar terrível nesse dia... com enjôo, tonturas e todos esses sintomas característicos de uma gravidez.

– Eu nunca podia imaginar que isso podia acontecer, Amanda. Nunca...

– Como é que você deixou isso acontecer? Eu sempre quis ter um filho seu, Henrique. Você não sabe o quanto tenho sofrido. Mas, mesmo assim, eu desejo sinceramente que essa criança nasça e seja muito amada. Eu já a amo, como... como... uma mãe.

– Amanda, eu... acho que talvez, com o tempo, eu seria capaz de aceitar essa criança...

– Eu sei disso, você é um bom rapaz. Tem responsabilidade. A Carolina teve sorte. Quanto a mim, Henrique, nunca irei esquecê-lo. Desejo-lhe todo o bem do mundo, eu e o Roberto.

– Você não vai me esquecer... Você e o Roberto me desejam todo o bem do mundo... Isso por acaso é uma piada? Vocês estão zombando de mim? É isso?!

– Henrique, por favor, solte o meu braço. Você está me machucando...

– E você?! O que está fazendo comigo? Amanda, por favor...

– Adeus, Henrique.

– Você foi a pior coisa que aconteceu na minha vida.

– Eu não... queria que terminasse assim.

– Eu não queria que terminasse.

✳ ✳ ✳

OS PLANOS DA VIDA

– E então, Amanda? Você deseja unir-se a mim pelos sagrados laços do matrimônio?

– Roberto, eu pensei muito e já tomei uma decisão.

* * *

– Grávida? Isso é impossível. Eu não deixei de usar preservativo uma única vez, Carolina!

– Mas eu não disse que o filho é seu, Henrique. Na verdade, estou no segundo mês de gestação e já fiz um aborto antes. Quase morri. Paguei uma nota e quase morri por causa de uma hemorragia. Eu e minha mãe estamos com muito medo. Não quero me arriscar novamente.

– E onde é que eu entro nessa história?

– Eu tenho uma proposta para lhe fazer, Henrique. É irrecusável. Case-se comigo. Assuma meu filho e, em troca, você terá acesso irrestrito ao patrimônio da minha família. Minha mãe está de acordo. Você aceita, não aceita?

– Não tenho mais nada a perder...

* * *

Lealdade, insegurança, sinceridade, perfídia: atributos inerentes à palavra?

Segunda Parte

VISÃO DO BIÓGRAFO MATERIALISTA

Capítulo VII

Meus caros leitores, estamos vivendo a época áurea da carreira de Henrique Toledo. Prestígio e multiplicação de capital foram as conquistas feitas ao longo dos anos. Especializou-se num dos ramos mais lucrativos da medicina: a cirurgia plástica. Artistas e modelos famosíssimas procuravam-no de todos os cantos do país. Não havia imperfeição que ele não fosse capaz de corrigir com suas abençoadas mãos e com suas técnicas modernas. Tinha ele o dom de rejuvenescer as pessoas, libertá-las dos defeitos estéticos e torná-las belas ou ainda mais belas.

O formidável cirurgião promovia a felicidade de muitas beldades, ao conseguir enquadrá-las no padrão de beleza eleito pela sociedade, que prestigia a todos os que se submetem às suas exigências estéticas. Cientes de que a fama é indispensável na vida moderna, elas não recuavam diante da necessidade de aperfeiçoar, a qualquer preço, a aparência.

Como se vê, o caráter e a especialização de Henrique e o valor de seus serviços promoviam uma seleção incontestavelmente natural e eficaz dos clientes por ele atendidos. É claro que vez por outra aparecia um ou outro paciente que necessitava de uma plástica em função de deficiências de nascimento, ou até mesmo, devido à ocorrência de acidentes de todos os tipos. Contudo, a grande massa desses desafortunados não possuía condições financeiras para arcar com despesas desse tipo de cirurgia. Ainda mais com um médico como Henrique Toledo!

Assim, a fonte de sobrevivência de Henrique fundamentava-se essencialmente nas questões estéticas. A sua clientela era constituída majoritariamente por mulheres. Isso rendeu muitos casos de infidelidade conjugal. A verdade é que Henrique transformou-se num boêmio e Carolina seguiu o mesmo caminho.

Bom, a questão é que Carolina não deveria ter agido de maneira tão vingativa! Ao querer imitar o procedimento de Henrique, rebaixou-se ainda mais. Fiquei um pouco decepcionado com ela. Como se não bastasse, por conta das recíprocas traições, não faltaram notinhas repletas de insinuações nas colunas sociais! Muitos afirmavam tratar-se de um casamento *moderno*, enquanto alguns achavam que essa união fora apenas mais um dos investimentos do médico-empresário. Ou seria do empresário-médico?

Acima de tudo, Henrique Toledo era um brilhante homem de negócios, todos altamente lucrativos. Ele também costumava comprar e vender ações da Bolsa de

Valores, para o que, aliás, tinha um talento instintivo. O seu Plano de Saúde encontrava-se na lista dos mais procurados do mercado. Os seus imóveis eram numerosos. Não satisfeito, resolveu investir na carreira de político, a fim de disputar um cargo com o rival, o próprio avô, Jorge Toledo, a quem odiava profundamente.

Já lhes falei do clima de hostilidade que foi gerado na família Toledo em conseqüência do casamento do pai de Henrique com uma moça pobre, a sra. Lúcia Toledo. Como vimos, desse fato decorreram inúmeros problemas de entendimento na família. Jorge Toledo recusou-se a ajudar o filho na ocasião do roubo ocorrido na empresa. Henrique desejava vingança. E a situação agravou-se ainda mais com a morte dos pais de Henrique em um acidente de ônibus, que ocorreu um ano após o nascimento do neto deles, Bruno Toledo. Tratava-se de uma excursão organizada para visitar enfermos num hospital, onde se prestava atendimento a vítimas do câncer.

É realmente uma lástima que os pais não tenham podido presenciar todo o seu reerguimento. Penso que, com certeza, ficariam muitíssimo orgulhosos do filho. Henrique e a esposa, na época, retornaram ao Brasil, a fim de acompanhar o enterro. Aliás, muitas pessoas compareceram. Muitas mesmo. Contudo, entre elas quase não havia nenhuma que se destacasse, isto é, que pertencesse à alta sociedade. Após a falência, o sr. Marcelo Toledo já não contava com tantos amigos importantes.

Ainda assim, houve variadas notas em jornais de vasta projeção, nos quais se comentava, por exemplo: o fato de o ilustre Jorge Toledo não ter comparecido ao enterro, a igualmente comentada presença da ex-noiva de Henrique Toledo e de seu noivinho Roberto Silveira, o ciúme de Carolina, a hostilidade de Henrique para com o Roberto, etc.

Outros jornais, a meu ver de pouquíssima originalidade, resolveram prestar uma homenagem ao que eles chamaram de altruísmo do casal e publicaram reportagens com a cobertura completa das diversas manifestações de carinho dos amigos e daqueles a quem ajudaram tanto no tempo em que eram ricos, como no tempo em que eram pobres.

Conforme afirmei anteriormente, Amanda também esteve presente no velório, mas ela e Henrique quase não trocaram palavra. E nem precisava! Amanda, perspicaz, entregou-lhe descaradamente um papel, numa atitude altamente suspeita. Provavelmente, queria marcar um encontro com o ex-noivo. Eu sinceramente acho que Amanda poderia ter sido mais discreta... Ah, o Henrique sempre teve muito jeito com as mulheres. Que deslize dessa Amanda, hein? Depois vocês ficam chateados quando falo mal dela. Ficam aí, do outro lado da obra, achando que eu estou sendo injusto, que tenho mania de perseguição contra ela, que sou parcial e coisas do gênero...

Mas o fato é que diante da chegada inesperada de Roberto no velório, a fisionomia de Henrique transfigurou-se completamente. O clima parecia o pior possível. Não obstante, os ânimos não se exaltaram muito. Ao menos não houve nenhuma briga, como da outra vez. Arrisco-me a afirmar que alguns jornalistas ali presentes, os mais espertos obviamente, devem ter torcido para que houvesse um conflito, o que originaria uma reportagem polêmica e lucrativa. Muita gente paga para estar por dentro, e nos mínimos detalhes, da vida íntima de pessoas públicas. E muitos reclamam desse tipo de reportagem, mas não atentam para o fato de que quem sustenta esse tipo de procedimento por parte de *parte* da Imprensa são as próprias pessoas que compram esse tipo de jornal ou revista.

A propósito disso, um amigo meu me disse que, sem Educação, no sentido amplo do termo, as pessoas serão sempre manipuladas. Por não desenvolverem o senso crítico, aceitam como verdade o que não passa de quimeras. Valorizam excessivamente as futilidades da vida. Confesso que na hora não tive muitos argumentos. Nunca questionei a organização ou os valores e ideologias vigentes na sociedade. Até porque são muitos e, por vezes, antagônicos. Prefiro ficar com aqueles que me beneficiam.

Como eu queria que este fosse o último encontro entre Henrique e Amanda! Assim, eu não teria que narrar tantas coisas que virão pela frente, com as quais eu absolutamente não concordo e que chegam a me causar sofrimento e perplexidade. Por causa dela – verdadeira discípula de Lúcia Toledo – eu quase decidi não enaltecer o nome deste varão destemido. Mas também sou homem e, por isso, tento compreender que até os heróis têm lá suas fraquezas...

VISÃO DO PLANO ESPIRITUAL

A psicóloga

Amanda chegara, finalmente, em casa. Estava exausta após a discussão com Henrique. A mãe, Maria Alves, logo se acercou da filha, com ares de preocupação:

– Amanda, minha filha, você está bem? Como foi a conversa com o Henrique?

– Está tudo acabado, como eu esperava. Ele vai se casar com a Carolina. Disse que, com o tempo, será capaz de aceitar a criança. Foi melhor assim...

– Isso é o mínimo que ele pode fazer...

– Mãe, eu cheguei até a contar uma mentira pra ele... Sabe, pra ele perder logo as esperanças.

– O que você disse?

– Eu falei que tinha aceitado o pedido de casamento do Roberto e que nós já estávamos com a data de nosso casamento marcada. Eu falei isso porque...

Amanda não conseguiu terminar a frase. Estava muito abalada. Experimentava um grande sofrimento e lhe era difícil continuar a conversa com a mãe, ao menos naquele momento.

✳ ✳ ✳

Havia chegado o dia do casamento de Henrique e Carolina. Amanda quase não dormira. Sua mãe estava preocupada. A menina permanecia enclausurada dentro do quarto durante dias. Maria batia à porta, mas apenas ouvia-lhe os soluços, abafados e magoados. Amanda mal se alimentava, perdera o gosto pelos estudos, pela vida. O olhar era irreconhecível. Não mais a doçura, a esperança, a alegria. Rendera-se, sem restrições, ao sofrimento.

Maria responsabilizava Henrique pela penosa situação em que se encontrava a filha. Sentia dificuldades em perdoá-lo, embora muito gostasse do rapaz. Tomava as dores da filha. Tentava consolá-la, mas suas palavras simplesmente não surtiam o efeito desejado. Buscou conversar com ela, baseando-se, porém, em argumentos cuja agressividade e aspereza atingiam a quem Amanda tanto adorava.

Procurava convencer a filha de que Henrique não a merecia. Acusava-o de tê-la humilhado, traído e abandonado covardemente. Afirmava, convicta, que Amanda brevemente encontraria o homem que iria amá-la verdadeiramente. Repetia constantemente que o próprio destino houvera-se encarregado de separá-los, para o bem de Amanda, visto que Henrique provara ser um homem de caráter duvidoso.

– Mãe... mãe, por favor, não diga mais isso. Nós não temos o direito de julgá-lo.

– Mas ele não presta mesmo! Ora, você já se esqueceu das coisas que ele fez? Ele espancou o Roberto, desmanchou o noivado com você, engravidou a Carolina e eu tenho certeza de que ele vai se casar mais por interesse.

– Ele cometeu um erro. Não significa que não tenha caráter. A senhora já esqueceu tudo o que ele fez de bom?

– Um erro? Só se for um atrás do outro! Amanda, você precisa esquecer o Henrique. Siga a sugestão do Roberto: nada como um novo amor para esquecer um antigo. Por mim, você se casaria com o Roberto. Esse, sim, gosta de você! Ele seria o genro ideal.

– Mãe, eu não gosto dele. Eu amo o Henrique.

– Mas...

– Por favor, eu quero ficar sozinha...

Maria reconhecera a inutilidade de seu discurso. Parecia agravar ainda mais a situação. Amanda isolava-se gradativamente. Não queria conversar com ninguém. Nem mesmo a insistência de Roberto em conversar conseguiu demovê-la de sua decisão. A mãe sentia como se não tivesse mais a quem recorrer. Deu-se conta da falta que fazia o pai de Amanda. Se estivesse vivo, certamente a ajudaria. A esposa habituara-se a orar pelo marido todas as noites.

De repente, uma idéia tomou forma em seus pensamentos. E se orasse também pela filha? A zelosa mãe não pestanejou. Dirigiu-se à pequena sala, sentou-se e leu atentamente um fragmento da bíblia. Em seguida, concentrou-se a fim de pronunciar sua singela oração:

Adorada Maria – mãe de Jesus,

Não tenho jeito com as palavras. Só sei agradecer e

*pedir, quando necessário. Mas alguém me disse um dia
que o sentimento está acima da palavra. Por isso, estou
me dirigindo à Senhora, que já viveu a experiência de ser
mãe, que sempre amou e procurou zelar pelo seu Filho.
Porque sei que irá me entender.*

*Ontem, eu estava muito deprimida, quando o
Roberto, que é um rapaz bom, veio tentar falar com a
minha filha. Ela não o atendeu e ele ficou conversando
comigo. Sabe, eu precisava desabafar com alguém. Falei
das minhas preocupações com Amanda, do estado em que
ficou por causa do Henrique. Falei muito mal dele. Eu sei
que eu não devia fazer isso, mas é que às vezes parece ser
mais forte do que eu.*

*Prometo que vou tentar não fazer mais isso. A
Amanda está certa; não temos o direito de julgar ninguém.
Ela sabe que Jesus disse isto que está escrito aqui nesta
página: "Não julgueis, para não serdes julgados."*

*Por favor, Mãe Maior, me ajude! Faz de minha
menina a sua filha também. Peço que me inspire para que
eu possa falar com sabedoria, pra não machucar o
coraçãozinho sofrido dela. Sei que tudo vai melhorar... Com
a graça de Deus!*

Após algumas horas, Maria foi ao quarto da filha, a
fim de levar-lhe o almoço. A menina permanecia imóvel,
deitada. Amanda recusou a comida, dizendo que não
conseguia mais sentir o sabor de nada.

– Nem mesmo o sabor da vida você sente?

– Mãe, eu amo o Henrique. Não posso viver sem ele...

– Mas, minha filha, que amor é esse capaz de causar tanta dependência, tanto sofrimento?

Amanda estranhou o tom das palavras da mãe, mas compreendeu seu alcance de imediato e interessou-se pela conversa.

– Como assim, mãe?

Maria animou-se com a reação da filha. As suas palavras de mãe tinham agora o magnetismo do entendimento e da ternura.

– É em nome de um sentimento tão belo, o amor, que você está se martirizando, Amanda?

– Parece que a vida perdeu o sentido para mim...

– A vida jamais deixa de ter sentido. É preciso apenas querer decifrá-lo.

– Eu preciso de um sentido pra viver... de um ideal.

– Mas não vai ser trancada aqui no quarto que você vai encontrá-lo...

– A senhora tem razão. Eu estou fugindo da vida, como posso querer que ela faça algum sentido?

– Por que você não dá uma volta, para arejar um pouco as idéias?

– Eu vou sim. Hoje está sendo mais difícil pra mim, porque sei que daqui a algumas horas o Henrique estará casado...

– Dói muito, não é?

– Talvez doesse menos se eu tivesse certeza de que ele será feliz. Sei que ele não ama a Carolina. Não demonstrou nenhum contentamento com a idéia de ser pai. Nenhum entusiasmo. Mas pelo menos eu sei que essa criança estará segura após esse casamento. Se a Carolina fizesse um aborto, eu jamais me perdoaria. Não poderia ser egoísta, colocando minha felicidade acima da vida de um inocente. É estranho, mas eu sinto como se nada disso tivesse que estar acontecendo. Temo pelo futuro de Henrique. Tomara que os deveres da paternidade e... o amor da esposa... o guiem nesta vida.

– Filha, você não quer comer e sair um pouco?

– Eu vou me alimentar. E prometo que vou sair, mas só um pouquinho mais tarde.

❅ ❅ ❅

Entardecia. As pessoas andavam de um lugar para outro, em direções opostas ou mesmo lado a lado, mas era como se não se vissem. Amanda percebeu, ao erguer lentamente o olhar, que muitos dos transeuntes pareciam como que confinados dentro de seu próprio eu. Os semblantes transmitiam preocupações, os olhares eram distantes e assustados, as atitudes traduziam constante inquietação. Mas, ponderou também, consigo mesma, que cada uma daquelas pessoas desejava algo, nutria a vontade de realizar algum empreendimento, de qualquer espécie. Amanda reconheceu que não tinha mais objetivos. A vida ao lado de Henrique consubstanciava as suas mais nobres aspirações. Não havia, nos seus planos, nenhum projeto do qual o ex-noivo não fizesse parte.

Sentou-se num dos bancos da praça. Compreendia a necessidade inadiável de sair de si mesma. Sentia-se sufocada, angustiada. Todavia, se conseguisse enxergar além daquele fugaz instante, seria capaz de se ver. Iria descobrir quem realmente era. A menina confusa cederia lugar à convicta servidora do Bem. A fragilidade cederia lugar à fortaleza de ânimo.

Inspirada por benfeitores espirituais, Amanda passou a contemplar mais detalhadamente o quadro que estava diante de seus olhos.

Avistou uma pré-adolescente que se conservava agachada embaixo de uma marquise. Cobria o corpo com alguns poucos farrapos que deixavam à mostra as pernas finas. Amanda não pôde ver o seu rosto. A menina cobria-o com ambas as mãos. Próximas a ela, havia duas outras jovens que se insinuavam aos homens que por ali passavam, denunciando-lhe a condição: vítima da prostituição infantil. Essa a dor moral que tentava a criança ocultar com aquele gesto. As outras procuravam animá-la, mostrando-lhe as notas que haviam recebido dos prostituidores. Descobriram seu rosto forçosamente. Ao deparar-se com o dinheiro, a menina conformou-se. Entraram num automóvel pouco tempo depois.

Mais adiante, uma senhora, prematuramente envelhecida, estendia as mãos à caridade pública. Tinha, atrás de si, três crianças, que brincavam com latinhas de refrigerante. Amanda observou que elas punham as pequenas latas para brigarem entre si, e imitavam sons de tiros e bombas, soltando gemidos de dor e pedidos de clemência; brincavam de guerra. A violência tomava conta de seu imaginário também. Amanda levantou-se para comprar sorvete, pois tivera a idéia de oferecer às crianças, que prontamente aceitaram, fazendo uma verdadeira festa em torno da escolha dos sabores. A mãe passou a tomar sorvete também, mas com apenas uma das mãos visto que, com a outra, continuava com o seu gesto de pedinte. Quantas vezes, todos os dias, trava-se para muitos uma verdadeira luta pela sobrevivência?

Outras crianças, um pouco maiores, trabalhavam com venda de chicletes e chocolates. Uma delas, notando a atenção de Amanda, endereçou-lhe também o olhar e ofereceu-lhe, com um gesto, um chocolate que vendia junto com outra menina, menor que ela. Amanda gesticulou também, dando a entender que compraria o doce. Separou o dinheiro da passagem, enquanto aproximaram-se as duas, felizes. Afirmaram, espertas e persuasivas que seria "bem mais melhor" comprar três chocolates, porque "tinha um desconto". Amanda aceitou a proposta. "Que tal dividirmos?" Ficou com um e deu os outros dois para as meninas que, ao contrário do que Amanda esperava, restituíram os chocolates à caixa, a fim de serem vendidos novamente. Voltaram, às pressas, ao seu trabalho.

Após algum tempo de reflexões, Amanda levantou-se para jogar o papel de chocolate numa das lixeiras da praça. Notou que, num canto próximo ao recipiente, havia um papel amassado. Recolheu-o, a fim de contribuir na limpeza do local. A jovem percebeu, então, que se tratava de uma mensagem, que trazia as seguintes palavras:

Oração de Francisco de Assis

Senhor, fazei-me um instrumento de Vossa paz.
Onde haja ódio, consenti que eu semeie amor.
Perdão, onde haja injúria.
Fé, onde haja dúvida.
Esperança, onde haja desespero.
Luz, onde haja escuridão.
Alegria, onde haja tristeza.

Oh! Divino Mestre!

Permiti que eu não procure tanto ser consolado, quanto consolar.
Ser compreendido, quanto compreender.
Ser amado, quanto amar.

Porque é dando que recebemos.
Perdoando que somos perdoados.
E é morrendo que nascemos para a Vida Eterna.

Amanda não logrou conter a crescente emoção. Aquela página simplesmente trazia um roteiro de vida, à luz do Evangelho. Como ela mesma acabara de presenciar, havia tanto sofrimento alheio e tão poucos dispostos a enxergá-lo; e, mais que isso, a atenuá-lo ainda que minimamente. Talvez porque nós sempre acreditamos que a nossa dor seja a maior. Pensou consigo mesma: "Será que se eu estivesse transbordando de alegria teria percebido, com a mesma sensibilidade, a dor deles? Talvez não. O sofrimento aproxima as criaturas, não é isso que dizem?"

Observou que no panfleto constava o nome e o endereço de um templo espírita, com data e horário de reuniões. No seu íntimo, experimentou forte desejo de atender àquele chamado. Tudo aquilo lhe era bastante familiar. Resolveu comparecer ao estudo da noite seguinte e, com o tempo, integrou-se ao grupo de mocidade. Engajou-se, especialmente, nos trabalhos que visavam à assistência social.

Passou a trabalhar na campanha do quilo, que objetivava arrecadar alimentos a fim de serem doados a famílias carentes, bem como no projeto da sopa, que os próprios jovens idealizaram, com o intuito de fornecer uma refeição aos necessitados das proximidades ao menos uma vez por semana. A jovem compreendeu então que sempre há oportunidade de fazer novos planos, pois, não importa o que aconteça, a vida não cessa. Os sonhos também não.

✳ ✳ ✳

Amanda chegou ao local onde seria realizada a cerimônia. Aquele era o ano de formatura da turma "A *vida é sonho"*, composta por trinta e um graduandos do curso de psicologia. Mal conseguia conter o nervosismo diante de um momento tão esperado após anos de estudo e dedicação.

Vencera muitas dificuldades para conseguir ingressar numa faculdade pública. Amanda trabalhou, durante metade do curso, num grupo de animação para festas de aniversário infantil, atividade por meio da qual conheceu sua grande amiga, Celina, uma jovem atriz. Após ser contemplada com uma bolsa de monitoria na faculdade em que estudava, Amanda decidiu deixar o grupo. Entretanto, a amizade entre ela e Celina já possuía sólidas bases. A maior prova disso é que quando a mãe de Amanda resolveu casar-se novamente, partindo com o marido para uma outra cidade, as duas jovens passaram a dividir as despesas de um pequeno apartamento.

A turma recebia aplausos dos convidados. Amanda elevou o pensamento a Deus, agradecendo, emocionada, a oportunidade de concluir o curso. Reconheceu o caráter simbólico de toda aquela cerimônia. Ponderou, consigo mesma, que, na verdade, cada dia representa um novo ensejo à formação do ser humano no curso da vida. Rogou forças a Jesus para conseguir a concretização do seu projeto de estender auxílio a crianças cheias de vida e coragem, como aquelas que conhecera naquele dia inesquecível na cidade.

Estava prestes a realizar o ideal de trabalhar com crianças e adolescentes socialmente excluídos. Mais do que tratar de seus corpos, Amanda desejava auxiliá-las no tratamento de suas almas. Saciar sua fome especialmente com o alimento espiritual do conhecimento de si mesmas, de sua integridade, de suas múltiplas potencialidades e do amor que nelas residia, inalterável e inatingível, por fazer parte da essência do ser humano. Apenas era necessário criar, em conjunto (pois o amor é aglutinador por natureza), as condições necessárias para que esse sentimento se superpusesse às tendências ou condicionamentos de violência e de todas as formas de ignorância.

Neste ínterim, uma colega de turma cochichou-lhe que não mais agüentava os sapatos, que estavam muito apertados. Amanda aconselhou que a amiga os tirasse discretamente. Ninguém iria notar, pois todos estavam sentados. Ao observar a colega realizando o justo intento, a imagem de uma pessoa muito amada tomou conta de seu pensamento: Henrique. O jovem, esboçando inesquecível sorriso, segurava-lhe o sapato. O conto de fadas havia terminado, e não houvera o *happy end*. Mas o sentimento persistia; alimentava-se das lembranças, nutria-se, paradoxalmente, da falta. Falta dos sorrisos, abraços e beijos, presença indelével do amor. Amanda recordou-se da última vez em que se viram.

Henrique estava muito abalado no velório dos pais. Amanda endereçou-lhe um olhar de consolo; mal puderam falar-se. Roberto, com quem ela recusou casar-se, ainda não se conformara com tal decisão e impunha-lhe a todo instante a sua presença. "Só o amor pode justificar o casamento, a união de duas pessoas; e eu não amo você."

Roberto simplesmente desconsiderava as palavras de Amanda, afirmando: "Água mole em pedra dura tanto bate até que fura."

Devido à inusitada presença de Roberto, Amanda achou por bem se retirar imediatamente do velório. Entretanto, antes de se ausentar, ela dirigiu-se educada e respeitosamente a Carolina e Henrique, com o intuito de se despedir. Aproveitou o ensejo para entregar uma mensagem espírita a Henrique, que falava da vida após a morte. Era uma página que costumava ser distribuída nos cemitérios, especialmente por ocasião do dia dos finados, como forma de esclarecer e consolar as pessoas cujos entes queridos haviam feito a passagem para o outro lado da vida.

Os pais de Henrique foram recebidos com muito carinho pelos benfeitores do Plano Espiritual. Conservavam-se bastante felizes e tranqüilos. Ambos conseguiram suportar corajosamente as provas que eles mesmos haviam requisitado, antes de reencarnarem, para o seu aperfeiçoamento espiritual. Resgataram uma dívida muito dolorosa do passado, juntamente com irmãos envolvidos na mesma falta, por meio de um processo de expiação coletiva, que se deu através de um acidente de ônibus.

A única preocupação era o filho. Não sabiam como Henrique iria reagir. No mundo, dedicaram-se fervorosamente a uma religião e, sobretudo, à prática da caridade. No entanto, a realidade da reencarnação, da existência do Plano Espiritual e suas relações com o Plano

OS PLANOS DA VIDA

101

Material, bem como a situação dos Espíritos após a desencarnação eram saberes desconhecidos dos pais de Henrique, que não puderam transmitir informações mais precisas ao filho, no que se referia à morte.

Mais tarde, souberam da revolta de Henrique. Tomaram conhecimento do desejo de vingança que nutria pelo avô, a ânsia pela aquisição de bens materiais e prestígio social, a promiscuidade. Tentaram, de todas as formas, ajudar o filho. Henrique recebeu várias advertências da Espiritualidade, que procurava avivar, em sua memória, os compromissos que havia assumido antes de sua reencarnação. Todavia, conservava-se voluntariamente inacessível às interferências dos benfeitores espirituais que, sistematicamente ignorados, não tiveram outra saída a não ser deixá-lo seguir as diretrizes de seu livre-arbítrio.

Amanda recordara-se também das circunstâncias em que entregara a referida mensagem. Cumprimentara, gentilmente, o casal. Carolina, ao vê-la, fitou-a nos olhos com grande rancor e retirou-se momentaneamente. Amanda sentiu-se trêmula diante da intensidade de tal sentimento. Contudo, pensou na dor de Henrique. Precisava consolá-lo com aquela mensagem que continha as palavras adequadas àquele momento difícil. Henrique, próximo ao caixão do pai e da mãe, retirou os óculos escuros que usava. Havia vestígio de lágrimas nos olhos. Momentos antes, ele havia feito um juramento aos pais. Prometera vingar-se de todo o mal que Jorge Toledo lhes fizera. A ausência do ancião no enterro do próprio filho acirrava ainda mais o repúdio que ele sentia pelo avô.

Aos poucos a atmosfera de ódio dissipou-se. Henrique estava diante de seu grande amor. Amanda aproximou-se e retirou da bolsa a salutar mensagem. Ofereceu-a a Henrique, que aproveitou o momento da entrega para segurar-lhe um pouco mais a delicada mão, furtando segundos que mais pareciam anos de carinhos. Roberto chegou ao local e aproximou-se de Amanda, colocando a mão em seu ombro. Amanda surpreendeu-se com a presença dele. Henrique colocou novamente os óculos escuros. Amanda retirou-se...

Amanda constantemente perguntava a si mesma se Henrique teria ou não lido a mensagem edificante.

"Chamamos a formanda Amanda Alves para receber o seu diploma."

Amanda, acorda! Está sonhando acordada? É a sua vez...

VISÃO DO BIÓGRAFO MATERIALISTA

Capítulo VIII

Dou início ao presente capítulo com algumas preocupações de cunho didático. Por isso, já antecipo que vou tratar, basicamente, de dois importantes momentos da vida de Henrique Toledo:

a) Prenúncios da carreira política

b) O sumiço de Bruno, o seu filho

Obviamente que a decisão de investir pesado na carreira política não nasceu de mero acaso. Essa foi a forma, por sinal muitíssimo perspicaz, que Henrique encontrou para atingir seu rival, o próprio avô. Imaginem vocês que ele acabou disputando o cargo de prefeito da cidade com o então candidato Jorge Toledo e outros oponentes não menos ilustres.

Henrique reunira provas de irregularidades cometidas pelo avô durante o seu mandato como deputado federal. Tratava-se de mais um caso de corrupção. A intenção de Henrique era a de denunciar o avô, em rede nacional, desmoralizando-o totalmente. Essa era a vingança que ele planejava.

O outro item que acordei trabalhar neste capítulo diz respeito ao desaparecimento de Bruno, ao qual eu passo a atribuir o epíteto de *rebelde sem causa*. Vocês podem imaginar alguma razão lógica para um adolescente, de quatorze anos, a quem nada jamais faltou, simplesmente fugir de casa assim: sem mais nem menos? Creio que a única explicação plausível seja o excesso de cuidados e mimos despendidos pelos pais excessivamente protetores.

Henrique, é verdade, nunca teve muito tempo para se dedicar ao filho. Não chegava a ser um pai ausente, porém obviamente que a educação do menino coube muito mais à mãe. Carolina não trabalhava, apenas se ocupava com os lucros de sua linha de cosméticos. Encontrava-se constantemente atarefada, organizando jantares e festas, concedendo entrevistas e procurando zelar pela imagem da família Toledo. Todavia, o filho era, provavelmente, uma de suas prioridades pessoais.

Que desgosto não deve ter sido para aquela mãe! E olha que eu ainda não lhes contei o pior... Por causa desse ato inconseqüente do filho, um velho fantasma do passado foi ressuscitado. Explico-me.

Bruno, ao sair de casa e ficar nas ruas, por pura pirraça, acabou sendo assaltado. Segundo consta, foi até agredido por menores infratores, que levaram tudo o que ele possuía. O garoto simplesmente optou por ficar perambulando pelas ruas. Eu nunca entendi essa do Bruno! Imaginem o perigo que correu, dormindo numa calçada, próximo a meninos e meninas drogados, corrompidos, marginalizados. É claro que, até certo ponto, ele se viu forçado a isso, já que não quis procurar abrigo na casa dos amigos, pois sabia que a mãe iria procurá-lo justamente entre os seus colegas. Isso porque consta que ele teria brigado com Carolina.

Agora, adivinhem o nome da heroína responsável pelo resgate do rapazinho... Ela mesma: Amanda Alves! Era só o que Amanda precisava para se infiltrar na família Toledo e confundir ainda mais a cabeça de Henrique com suas idéias de boa moça... Ah, sofra junto comigo, meu caro leitor!

Visão do plano espiritual

O Elo

Bruno Toledo sequer conseguia raciocinar direito.

A revelação chocara-o tanto quanto as circunstâncias em que fora feita. O último alicerce do seu mundo afetivo havia acabado de desmoronar. Chantagens e ameaças acuavam-no. A quem recorrer? O menino, porém, não teve tempo para maiores reflexões. Três rapazes o abordaram, num canto de rua:

– Ô Bacana, passa tudo pra cá, valeu? Fica quietinho aí senão ó... te furo todinho! – ameaçou o maior deles.

– O que é que vocês querem? – perguntou Bruno, assustado.

– Tudo o que tu tem e a gente não, sacou? – tornou a falar o líder do grupo.

– Aê, cumpade, é pra agora! – disse outro rapaz.

Bruno entregou-lhes o dinheiro que tinha na carteira.

– É tudo o que eu tenho.

Os rapazes entreolharam-se e sorriram.

– Aí, o cara quer bancar o esperto... – ironizou o menor deles.

Arrancaram o relógio, a camisa e o tênis de Bruno, enquanto o agrediam.

Bruno tinha medo de permanecer nas ruas, mas pavor de voltar para casa. Resolveu acomodar-se embaixo de uma marquise. Quase não dormiu. A cena que presenciara em casa repetia-se como um filme em sua mente. O roteiro mais triste de sua vida. Chegou a cogitar o suicídio. Morto, o pai não deixaria de amá-lo. E talvez a mãe sentisse remorso.

O dia entardeceu. Uma noite na rua. O frio era grande. A fome também. De manhã, resolveu ir até uma padaria. Os fregueses tomavam café apressadamente. Acompanhava cada gole, cada mordida. Várias pessoas chegavam e saíam. Bruno não tinha coragem de abordá-las. Apenas olhava, faminto. Os minutos se passavam. O menino observava todos, tentando deduzir quem consentiria em lhe pagar um café. Sentia-se humilhado. Era como se não estivesse ali. Mas não voltaria para casa.

Aproximou-se de um homem idoso. O senhor encarou-o, o que encorajou o menino.

– Moço... por favor, eu fui roubado e... estou com fome. Se o senhor pudesse me arranjar um dinheiro para...

– Não tenho dinheiro não, moleque – disse o ancião.

– Ô rapaz, vai caçar o seu rumo, vai! – falou o dono da padaria, encaminhando-se para o balcão.

Bruno já estava disposto a sair do estabelecimento quando uma jovem, que havia presenciado o ocorrido, tocou-lhe no ombro.

– Quem roubou você, rapaz?

– Eh... três caras bem maiores do que eu.

– Quando foi isso?

– Ontem.

– E está sem comer até agora?

Bruno fez um gesto afirmativo.

– Então sente-se aqui.

A jovem dirigiu-se ao balconista:

– Por favor, eu quero dois pães com manteiga e dois cafés com leite.

– Como você se chama, rapaz?

– Bruno.

– O meu nome é Amanda.

O balconista trouxe o pedido.

– Não se esqueça de que está bem quente – advertiu a moça, passando-lhe o açúcar.

O menino mal conseguia esperar o café esfriar.

– Você... tem pra onde ir?

Bruno terminou de mastigar o primeiro pedaço de pão antes de responder.

– Não.

– E seus pais?

Bruno ficou em silêncio por um tempo.

– Minha mãe está morta – retrucou, com um misto de raiva e mágoa.

– Sinto muito.

Amanda sorveu um gole de café. Bruno estava

incomodado com as perguntas. Todavia, sentia-se inexplicavelmente bem ao lado daquela desconhecida. Era como se a conhecesse, embora nunca a tivesse visto antes.

– Mas... e os demais parentes?

Bruno titubeou um pouco antes de responder.

– Eles... eles foram assassinados.

Bruno pediu ao balconista um guardanapo, a fim de limpar os lábios.

– Quer repetir?

– Se não for abusar do seu altruísmo...

Amanda sorriu e logo fez o pedido. O atendente serviu Bruno.

– Você está nas ruas há quanto tempo?

– Desde pequeno.

Bruno divertiu-se com a própria resposta.

– Mas... me diga... o que roubaram de você?

– O quê?

– É.

Enquanto mastigava, o menino arquitetava uma resposta.

– Ah, todo o material de engraxate, com o qual eu me mantinha financeiramente.

– Sei... e onde você aprendeu a falar dessa maneira?

Bruno temeu ser descoberto.

– A gente vamo aprendendo com os outro, né?

– Entendo.

Amanda observava Bruno. Os cabelos eram sedosos e brilhantes, as unhas estavam limpas e graciosas. Trajava uma bermuda de conhecida marca. Quando o menino terminou de tomar o café, Amanda pagou a conta e levantou-se.

– Eu preciso ir.

– Vai trabalhar?

– Sim. E você? O que pretende fazer agora?

– Não sei. Preciso consultar a minha agenda.

Ambos deram boas risadas, enquanto Amanda ajeitava a bolsa e pegava o casaco.

– Não vai me levar pra sua casa antes?

– Sinto contrariar seus planos, mas... não.

– Sou tão feio assim?

– Não muito. Até que é engraçadinho.

Bruno sorriu. Por um momento, esquecera-se de seu drama pessoal. Amanda era uma companhia agradável, transmitia-lhe segurança e paz.

– É que eu tenho uma idéia melhor. Por que você não me acompanha até o trabalho?

– Está falando sério?

– Bruno, eu trabalho numa instituição que oferece

uma série de atividades para meninos de sua idade. Tem esporte, teatro, cursos profissionalizantes, lazer. Sem falar em banho, comida, abrigo. Também há assistência médica e psicológica.

– Então foi só por isso que você me ajudou?

– Eu ainda não ajudei você. Pagar um café, embora seja até um belo gesto, não resolverá o problema.

– Quer dizer que você é paga pra catar meninos de rua por aí?

– Eu não costumo fazer a triagem dos meninos a serem assistidos. Eu contribuo no setor de psicologia. Todos os trabalhadores são voluntários. O trabalho faz parte de um Projeto de Ação e Promoção Social.

– Não adianta fazer discurso. Eu não quero ir. Agradeço o seu interesse profissional, doutora.

Bruno levantou-se.

– Sinto por você ter perdido o seu tempo e dinheiro.

– Bem, pelos menos *eu* não menti pra você... – insinuou Amanda, antes que o menino lhe desse as costas.

O adolescente, surpreso, baixou a cabeça.

– Eu não menti... muito.

– E você acha que existe meio termo entre verdade e mentira?

Bruno ficou em silêncio.

– Não é qualquer menino que sobrevive nas ruas, Bruno.

– Eu não sei mais quem eu sou...

Ao dizer tais palavras, Bruno esforçou-se por conter as lágrimas. Amanda acariciou-lhe os cabelos.

– Podemos descobrir isso juntos.

Bruno concordou em ir para a instituição com Amanda, porém estipulou uma condição; se ele não gostasse do lugar, poderia ir embora a hora que quisesse. Amanda não fez objeções, queria ganhar tempo. Ao chegar lá, ela mostrou a Bruno o quarto em que ficaria, juntamente com três meninos que se encontravam ali há alguns meses. Após as apresentações, Amanda pegou uma muda de roupa e ofereceu a Bruno, indicando-lhe o vestiário, onde ele poderia tomar banho. Quando Bruno terminou, pediu para descansar um pouco no quarto, pois não tinha dormido quase nada na noite anterior. Após algumas horas, Amanda foi chamá-lo e o levou para o refeitório. O almoço já estava sendo servido.

Bruno quis saber de Amanda o que ele faria após a refeição. Amanda esclareceu que iria conhecer melhor as dependências da instituição e, em seguida, conversar com Amelinha, a assistente social. Bruno decidiu, mentalmente, não contar nada de sua vida à assistente. Amanda disse-lhe que à noite iria acontecer uma reunião especialmente planejada para os meninos e meninas que tinham chegado há apenas uns dias ao lugar. Se ele quisesse participar, não haveria problema. Num primeiro momento, Bruno recusou a proposta. Contudo, ao notar a naturalidade com que Amanda aceitou a negativa, ficou em dúvida. Ademais, sentia necessidade de estar perto dela. Acabou indo.

O local em que iria se realizar a reunião era bastante aconchegante. Não havia cadeiras, e sim tatames e almofadas no chão. Ouvia-se uma música ambiente bastante agradável. A iluminação não era muito forte. Bruno fitava os dois meninos e as duas meninas que também iriam participar do encontro quando um homem, segurando um violão, chegou e dirigiu-se a Amanda. Ela, que já havia conversado individualmente com cada um deles, apresentou-o ao grupo:

– Pessoal, este é o nosso amigo Roberto. Ele também trabalha aqui no projeto e daqui a pouco vai tocar violão pra gente.

– É. Só pra ouvir a Amanda cantar – disse Roberto, sorrindo para a jovem.

Amanda ficou meio constrangida com a situação, mas não perdeu a concentração no trabalho a ser desenvolvido.

– Nós vamos começar fazendo uma dinâmica de apresentação e, depois, relaxamento e mentalização.

Após as apresentações, Amanda passou à segunda etapa do trabalho:

– Agora, procurem se acomodar da maneira mais confortável, está bem? Isso. Fechem os olhos. Sintam a respiração de vocês.

Amanda sinalizou para que Roberto mudasse a

música e aumentasse um pouco o volume do som. Começou a tocar uma canção instrumental que continha ruídos da natureza.

– Muito bem. Tentem visualizar os sons que nós estamos ouvindo nessa melodia. Vamos transformá-los em imagens. Os relâmpagos. Os trovões. As gotas de chuva. As ondas do mar. A tempestade.

Amanda fez uma longa pausa.

– E agora... o vento. A chuva passando. O mar se acalmando. Os pássaros cantando.

Amanda silenciou por alguns instantes. Em seguida, lançou uma reflexão para o grupo.

– Estas imagens e ruídos não poderiam simbolizar momentos de nossa vida?

Amanda deu um tempo para que eles refletissem.

– Momentos de tempestade. Momentos de bonança, de calma. Mas apenas momentos. Pensem consigo mesmos: que momento eu estou vivendo agora? Eu me refiro ao clima que prevalece no interior de vocês. Pensem nisso. Guardem a resposta com vocês.

Após algum tempo de reflexões, Amanda solicitou que os integrantes do grupo abrissem os olhos e se sentassem. Rafael, o menino mais velho do grupo, não conseguiu conter suas impressões.

– Depois de tudo o que eu passei nas ruas, de tudo o que eu fiz, essa tempestade nunca vai acabar... é sofrimento para a vida toda.

– Mas... vocês já viram uma tempestade que nunca tenha passado? – perguntou Amanda a todos.

Diante do silêncio que se fez no grupo, Bruno se prontificou a responder:

– Todas elas passam. Mas umas demoram um pouco mais que outras, por serem mais violentas.

– Isso. Bem, mas eu acho que o Rafael está querendo mostrar também que muitas tempestades causam um grande estrago, não é verdade? – ponderou Amanda.

– É – concordou Rafael.

– E o que será necessário para reparar os danos que elas causam? – quis saber Amanda.

A menina Aurora arriscou uma resposta:

– Ah... precisa de tempo. Muito tempo. E também precisa ter vontade... força de vontade de trabalhar para reconstruir tudo o que foi destruído.

– E todo mundo está à mercê das tempestades? – inquiriu Amanda.

Todos concluíram que sim, até que Rafael comentou:

– Mas eu acho que as pessoas que têm casa estão mais protegidas das tempestades. Nas ruas...

– Depende. Algumas delas também podem ficar desabrigadas devido à força, aos estragos provocados pelo temporal, não é mesmo? – comentou Amanda.

Pedro, um rapaz com pouca instrução, falou pela primeira vez ao grupo:

– De qualquer jeito, se tem alguém pra ajudar a gente, fica mais fácil. Só que são pouco os que se importa. Se a tempestade não atinge elas, aí elas nem se importa se os outro se deu mal. Assim, o cara quer o tempo bom só pra ele mesmo, sacou?

– E pra receber essa ajuda de alguém? O que é preciso? – indagou Amanda novamente.

Ninguém respondeu. Amanda, então, já ia fazer uma ponderação, quando Bruno falou:

– Acho que é preciso pedir... pedir ajuda.

– Como? – quis saber Amanda.

– Ah, sei lá, acho que primeiro falando, né? – respondeu Bruno

– Muito bem. Então que tal falarmos agora sobre a tempestade que vocês enfrentaram nas ruas? – propôs Amanda.

– Como assim? – perguntou Aurora.

– Eu gostaria que cada um de vocês contasse a sua própria história, o que trouxe vocês até aqui...

Rafael não achou a proposta atraente, e logo deixou clara a sua posição.

– Aí, na moral, eu não quero falar não, tia.

– Tudo bem, isso não é obrigatório – esclareceu Amanda.

Todos os demais ficaram quietos por um bom tempo. Amanda levantou-se e comunicou ao grupo:

– Bem, então vamos encerrar o trabalho. Por hoje, infelizmente, é só. A gente se vê nos encontros individuais e semana que vem tem mais reuniões com esse mesmo grupo.

As lamentações foram muitas e simultâneas. Um colega incentivava o outro a falar, sem se chegar a nenhum consenso. Aurora criou coragem e decidiu iniciar. Fez-se silêncio e ela concentrou-se antes de começar a falar.

– "Uma vez, já faz um tempão, uma mulher perguntou a mim o meu nome. Aí eu disse *Aurora* e ela caiu na gargalhada. *Onde já se viu uma Aurora negra?* A gente sempre foi julgado pela cor. Pro meu pai, negro e sem estudo, sempre foi muito ruim de arrumar emprego. A minha mãe lavava roupa pra fora, que era pra poder botar comida dentro de casa. A gente morava num barraco de madeira que meu pai construiu num terreno abandonado. Tinha um monte lá já. Às vezes eu só comia no colégio, que eles davam merenda. Aí meu pai arrumou um emprego, mas era longe. Acordava às quatro da manhã e saía. Pegava ônibus pirata, era o jeito. Até que um dia, um dia teve um acidente horrível. Meu pai e mais doze pessoas morreram. Ele ainda chegou vivo no hospital, mas não tinha médico. Não tinha. Eu sempre lembro dele dizendo que eu e minha mãe, a gente era a vida dele..."

Aurora fez uma pausa para enxugar as lágrimas.

– "Minha mãe ficou muito abalada. A gente foi

passando muita necessidade. Minha mãe, sem força pra trabalhar, foi adoecendo. Não tinha dinheiro pra comer, pra comprar remédio. Eu fiquei desesperada. Comecei a sair pras ruas, pra pedir dinheiro, pra pedir ajuda. Minha mãe foi definhando e eu não podia fazer nada. Um dia, eu fui pedir dinheiro pra uma moça, aí ela disse que tinha um lugar bom, pra onde eu podia ir, que não me faltaria nada. Falei da minha mãe e ela disse que ia ajudar ela. Eu expliquei onde a gente morava. Ela falou que ia encontrar a gente. Quando chegou lá em casa, eu estava abraçada com a minha mãe... morta. Ela morreu ali, sozinha, enquanto eu lutava pra gente viver e eu até hoje não sei se foi a fome ou a doença que matou a mamãe. Desde que eu cheguei aqui, realmente nunca me faltou nada, mas eu juro, juro que trocaria tudo isso pelo barracão onde meus pais me davam tudo o que podiam."

Fez-se um ligeiro silêncio por alguns instantes. O clima era de tristeza, até que um dos meninos, chamado Pedro, resolveu fazer uma intervenção:

– Quem vai falar agora?

– Você mesmo – propôs Bruno.

– Eu num sei falar direito... – desabafou o menino.

O garoto ainda tentou esquivar-se, mas acabou cedendo à pressão do grupo.

– "Bom, o meu nome é Pedro. Eu nasci e me criei numa favela. Sou o segundo filho entre sete irmão e tenho quinze ano. Desde pequeno, eu e meus irmão passamo necessidade. Minha mãe trabalhava com faxina lá no

Leblon e era ela que sustentava a gente. Meu pai era um cachaceiro. Todo dia ele chegava em casa bêbado. Batia na minha mãe, batia na gente. Minha mãe saía pra trabalhar, eu e meus irmão ficava no Morro. Com meus onze ano, vendo o sacrifício da minha mãe, meu pai gastando dinheiro com cachaça, quebrando tudo dentro de casa, a gente às vez sem ter o que comer... aí eu me revoltei. Procurei o gerente da boca de fumo e comecei a trabalhar pra ele. Eu queria dar conforto pros meus irmão, pra minha mãe. Queria andar armado igual aos bandido, pra ser respeitado. Aí fui pogredindo, ganhei um bocado de dinheiro. Mas aí minha mãe começou a desconfiar e acabou descobrindo tudo. Ela chorou um rio de lágrima. Eu briguei com ela, até hoje tenho remorso. Ela disse que eu joguei na lata do lixo todo o sacrifício dela pra criar nós como gente honesta. Falou que eu tava dando mau exemplo pros meus irmão. Nem assim eu parei. Quando a gente entra nessa vida, parece até um caminho sem volta. Só que, um dia, teve uma invasão no Morro. Da facção rival. Até mataram uns amigo meu. Aí, eu fugi. Fui pras rua. Roubava pra comer. Quase que eu matei um cara que tentou reagir...”

Rafael, que estava distraído, interessou-se, nesse ponto, pela narrativa de Pedro.

– “Eu não tinha mais nada a perder. Depois de um tempo, uma tia chamou eu e uns colega meu para vir pra cá. Eles não quiseram. Achavam que ia perder a liberdade deles. Eu também não quis. A moça foi se afastando, aí eu lembrei da minha mãe. Minha mãe chorando, pedindo pra eu ser honesto, pra sair daquela vida. Aí, eu gritei pela moça. Ela correu, me abraçou e eu estou aqui".

Todos estavam bastante emocionados com o relato de Pedro. Teresa, a que menos falava no grupo, sentiu-se encorajada a contar a sua história. E surpreendeu a todos, iniciando seu depoimento.

– "Eh... eu me chamo Teresa e tô com dezesseis anos. Eu fui pra rua quando tinha treze. Minha vida virou um verdadeiro inferno depois que meu pai morreu. Minha mãe casou-se com o meu padrasto. Ele... me forçava a fazer umas coisas... Eu não sabia como agir, eu tentava fugir, mas ele sempre dava um jeito de ficar sozinho comigo. Eu não estava mais suportando. Um dia, eu tomei coragem e contei tudo pra minha mãe. Ela ficou assim, meio sem acreditar em mim, mas foi tirar satisfação com ele. Ele tentou negar, fez papel de vítima, fez o maior escândalo. Foi até o meu quarto e me pegou pelos cabelos. Saiu me arrastando até a sala. Bateu na minha cara. Mandou eu dizer a verdade. Eu falava que ele tinha abusado de mim. Enquanto ele me batia, eu arranhava ele. Minha mãe correu pro quarto, chorando, dizendo que não ia perdoar ele. Ele foi atrás. Eu achei que estava tudo resolvido. Eles ficaram horas trancados lá dentro. Aí, bem depois, minha mãe veio conversar comigo. Ela disse que ele admitiu o erro dele, que ele estava muito arrependido. Que ele jurou que nunca mais ia encostar um dedo em mim. Então, ela falou que eu também tinha que fazer a minha parte, não usando roupa curta, não olhando muito pra ele, que eu também tinha culpa no que havia acontecido. Eu fiquei revoltada com aquilo! Não disse nada. Fui pro meu quarto, arrumei umas roupas escondida. Enquanto eles dormiam, eu roubei dinheiro da carteira dele. Peguei uma carona com um caminhoneiro, um homem bom. Fiquei na rua, implorando por dinheiro. Poucos davam. Depois de um tempo, uma moça me falou desse lugar, uma porta que Deus abriu pra mim."

O grupo vivenciou mais um momento de silêncio, repleto de emoções e reflexões.

Faltava Bruno falar. Estava indeciso quanto à possibilidade de revelar a verdade sobre sua vida. Aquele era um mundo diferente do seu. E em apenas um dia uma ponte foi lançada entre ele e aqueles meninos e meninas. Contudo, não se sentia diferente deles; via-se também como um menor carente. Talvez uma carência de natureza diversa, mas, ainda sim, carência. Precisava falar.

– Eu me chamo Bruno e tenho quatorze anos. A minha família é... de classe alta. Nós nunca passamos necessidade.

O grupo ficou espantado com a revelação de Bruno. Amanda regozijou-se por sentir a verdade em cada uma de suas palavras.

– "Eu sempre tive tudo o que eu quis. Todos os brinquedos, todos os passeios. Já morei em vários lugares do mundo. Minha vida sempre foi assim: cada beijo que eu não ganhava, era um presente que eu recebia. Cada momento de atenção negado, era uma viagem que eu fazia. Cada abraço sonegado, era um novo brinquedo. Desde que

OS PLANOS DA VIDA

eu me entendo por gente, minha mãe nunca me fez um carinho. Nunca. Eu estava sempre com babá, governanta, enfermeira, professor particular. Tudo menos mãe. Ela estava sempre ocupada, sem tempo e sem paciência. Sabe, eu acho que a forma mais violenta de desamor é a indiferença. Ela simplesmente desconhece a minha existência. Mas até então, era suportável. Eu tinha meu pai. Ele sempre trabalhou muito, quase não tinha tempo pra ficar comigo, é verdade. Só que nos poucos momentos em que ele fica comigo, eu sinto que ele está por inteiro, para o que der e vier. Ele até briga comigo quando vê que eu estou fazendo algo de errado... ele é meu ídolo. O amor de pai era tudo o que eu tinha. Só que ele viajou a negócios e também para fazer cursos na área dele. Nessa última viagem que ele fez, eu descobri duas coisas tão revoltantes, odiosas. Eu estava pronto para sair quando minha mãe chegou em casa com um homem que se apresentou como amigo do meu pai. Resolvi ficar pro jantar. Eles estavam se olhando de forma muito estranha. Quando o jantar acabou, minha mãe e ele tomaram uísque, enquanto conversavam. Minha mãe me lembrou do meu compromisso. Despistei, fingindo que estava indo realmente para a casa de um amigo. Esperei um pouco lá fora, e quando voltei não tinha mais ninguém na sala."

Bruno fez uma pausa, respirou fundo e continuou seu relato.

– "Fui até o quarto de meus pais. Resolvi entrar e aí... vi minha mãe com aquele cara, ali, na cama. Eu nunca senti tanto ódio! Eu gritei: *Larga a minha mãe, larga!*

Eles levaram um tremendo susto. Estavam meio bêbados. Eu continuei gritando. Minha mãe me mandou calar a boca. O cara, com o maior sarcasmo, apenas disse: *Calma, rapaz, eu sou amigo do seu pai...* E eles começaram a rir. Riam muito. Eu fiquei cego de raiva, de revolta. Aí me lembrei que meu pai tinha uma arma ali mesmo, no quarto dele. Fui correndo pegá-la no guarda-roupa. Apontei-a para o sujeito, que num instante largou a minha mãe. Ela gritava pra eu baixar o revólver. O covarde catou as roupas rapidamente e saiu correndo. Após alguns instantes de completo silêncio, eu coloquei a arma sobre a cabeceira da cama e perguntei à minha mãe, sem parar de chorar: *Você está traindo o meu pai por quê?* Ela me deu uma bofetada e xingou o meu pai de estúpido. Eu o defendi. Falei que ia contar tudo pra ele no dia seguinte, que era quando ele ia voltar de viagem. Ela disse que não era a primeira vez, que fazia isso desde a época do namoro deles, que sempre o traiu e que eu só tinha vindo ao mundo graças às suas traições. Gritou que eu não era filho dele de verdade. Que qualquer exame comprovaria isso e que estava disposta a contar tudo pro meu pai. *Se eu perder o marido, você perde o pai*, disse ela. Eu me desesperei. Fugi. Procurei um amigo, mas a mãe dele conhecia a minha e me denunciou. Preferi as ruas a ter que voltar pra casa, e vim parar aqui".

Roberto quebrou o silêncio que se instaurara após a revelação de Bruno.

– É como dizem, os ricos também choram...

O grupo quis saber sobre a vida de "grã-fino" de

Bruno, porém, Amanda interveio a fim de não prejudicar o andamento dos trabalhos. Após a catarse provocada pela atividade proposta, Amanda entregou a cada membro do grupo uma folha de cor diferente. Nelas, estava impresso o mesmo poema.

– No início do encontro, eu pedi que cada um avaliasse o clima que prevalecia em seu íntimo. Eu trouxe um poema, de um grande amigo meu, que trata disso.

Roberto, enciumado, não gostou de saber que o poema que Amanda trouxera era de Arthur.

– Posso ler? – perguntou Bruno.

– Claro – respondeu Amanda.

Meteorologia do ser

Temporal de um mundo insano
Encharcado de descrença
Afogado de tantas injustiças
Trovejava
O meu ser

Caem-me gotas do Infinito
Derramam-se sobre o meu eu
Aturdido
Fatigado
Acuado

Revigoram-me com essência Divina
Inundam-me de esperanças
Dissipam as nuvens densas
Em que me ocultava

Desvendado, sou excelso arco-íris
Deparando-me com o valioso pote de
Mim-mesmo
Embelezado com as sublimes cores
Da conquista das virtudes
Do começo de um novo tempo...

Bruno declamava a poesia com grande envolvimento. Sentia cada palavra dita. Transmitia vibrações de esperança aos companheiros. A Espiritualidade ministrava passes em cada membro do grupo.

Ao término da leitura, Amanda pediu que todos observassem as folhas recebidas.

– Mesmo após um terrível temporal, um arco-íris pode aparecer e inaugurar um novo tempo.

Juntas, as folhas formavam as cores de um arco-íris. Aurora percebeu de imediato e sorriu, lacrimejante, levantando sua folha. Os demais, inclusive Amanda e Roberto, fizeram o mesmo. A emoção tomou conta de todos.

Passado algum tempo, Amanda tornou a falar ao grupo, ciente de que todos ali sabiam ler e escrever:

– Eu selecionei quatro palavras que foram ditas

durante o relato de vocês. Vou escrevê-las ali no quadro e gostaria que cada um pensasse e formasse uma frase com elas, inspirando-se nesse novo tempo, nessa harmonia que começa a tomar conta de nós. As palavras são DEUS, AMOR, PAI e AJUDAR.

Rafael, embora tivesse levantado sua folha, junto com os colegas, mostrou-se novamente arisco em relação à tarefa proposta. Amanda dirigiu-se a ele, enquanto os outros se dedicavam ao exercício.

– Tudo bem se não conseguir fazer. Eu sei que é um pouco difícil. Eu nem costumo passar esse tipo de tarefa no primeiro encontro...

– Pô, difícil? Negócio muito fácil de fazer, cara! Pra mim, é moleza... Quer ver? Calma aí...

Passou-se um bom tempo. Apenas Pedro e Teresa não tinham finalizado a tarefa ainda.

– Se não conseguirem usar todas as palavras, não tem problema – salientou Amanda.

Após alguns minutos, Teresa acabou. Depois disso, Pedro não demorou muito a concluir.

Amanda informou-lhes de que a reunião seria encerrada com uma prece coletiva, feita a partir da contribuição de cada um deles. A psicóloga determinou que as frases deveriam ser enunciadas na mesma ordem em que os depoimentos haviam sido feitos. Rafael ficou por último, já que se abstivera de falar. Roberto acompanhou Amanda em uma bela música, que falava sobre Jesus, e que a psicóloga cantou. Após a melodia, todos se concentraram.

Amanda iniciou a prece:

Amado Mestre Jesus,

Agradecemos por esse encontro cheio de paz e de harmonia. Senhor, ensina-nos a arte do perdão, do amor ao próximo. Abençoa cada uma das pessoas que nós mencionamos em nossos relatos. Envolve-as em Teu manto de Luz, para que não se alimentem do desamor e da indiferença. Senhor, todos carecemos de Tua misericórdia. E cada um de nós tem uma mensagem a oferecer ao nosso Criador:

– Que Deus abençoe meus pais, dê amor pra eles e ajude eles onde eles estiverem. (Aurora)

– Deus, ajude os pai que abandona os filho e as pessoa que não tem amor pelas outra. (Pedro)

– Que o amor de Deus ilumine os pais para que eles nunca deixem de ajudar os filhos.(Teresa)

– Deus, tu és pai, por isso nunca faltará amor nem ajuda pra nenhum de teus filhos. (Bruno)

– Que o amor de Deus ajude meu pai. (Rafael)

E assim, Mestre, com nossos corações repletos de esperança, encerramos o encontro de hoje, agradecendo a oportunidade que nos foi dada de estar aqui. Que possamos nos tornar uma família, estendendo esse auxílio a nossas famílias.

Que assim seja.

Após a prece, os jovens levantaram-se e travavam conversações, enquanto Roberto dirigia-se a Amanda:

— Acho que esta foi uma das melhores reuniões que já tivemos durante todos esses anos...

— É. Para chegarmos a esse resultado, às vezes é necessário um número razoável de encontros. Eles estão bastante receptivos. Só mesmo o Rafael é que vai precisar de mais tempo.

— E o caso do Bruno, hein?

— Eu vou resolver isso agora.

Amanda sinalizou para Bruno, pedindo que ele se aproximasse.

— Nós precisamos telefonar para seus pais. Agora.

— Eu vou lhe dar o número.

— Vou ligar avisando que em breve você estará em casa, está certo?

— Sim, mas eu quero que você me leve até lá. Pode ser amanhã.

— Tudo bem.

Bruno deu o número do telefone a Amanda e, em seguida, puxou assunto com a jovem Aurora, com quem muito havia simpatizado. Todos encaminharam-se para o refeitório, a fim de cear. A noite estava bela, e todos dormiram em paz.

VISÃO DO BIÓGRAFO MATERIALISTA

Capítulo IX

Resolvi manter a estrutura do capítulo anterior, que se baseou em apenas dois tópicos: questões da política e do jovem Bruno.

Henrique ocupava o terceiro lugar nas pesquisas de intenção de voto. Jorge Toledo liderava, mas a eleição acabou se estendendo até o segundo turno. Não valeram as constantes denúncias de Henrique com relação à corrupção em que o avô se achava envolvido. Muitos não assistiam ao horário eleitoral, que era o programa mais propício para este tipo de denúncia. Com tanto "analfabeto político" no Brasil, ficava difícil conseguir alguma coisa. Jorge Toledo foi para o segundo turno com um candidato de oposição.

Pensam que Henrique desistiu? Apoiou o adversário do avô. Continuou vasculhando o passado dele, os negócios, a vida particular, etc. E acabou descobrindo uma grande bomba, que não pensou duas vezes antes de detonar: Jorge Toledo estava envolvido até o pescoço com o narcotráfico. Não houve um só veículo de comunicação que não publicasse essa notícia. As provas que Henrique apresentou eram irrefutáveis. Na época, Henrique fez inúmeros discursos, salientando os malefícios do tóxico para a sociedade como um todo. Que retórica, meus amigos! Pena que foi para destruir um membro de sua

OS PLANOS DA VIDA

própria família... Henrique, astucioso, defendia os *Toledo*, afirmando que o avô representava tudo de ruim que deveria ser expurgado da família.

Jorge Toledo, que ficou na liderança durante todo o período eleitoral, foi derrotado no segundo turno. A opinião pública não hesitou em massacrá-lo. E enquanto o avô tentava se reerguer, o neto comemorava o tão esperado triunfo.

Essa história ainda vai acabar muito mal...

O segundo ponto diz respeito ao Bruno. Vocês acreditam que Amanda Alves teve a coragem de levá-lo até a cobertura onde residiam Carolina e o marido? É claro que tudo não passou de um pretexto para rever o ex-noivo! Queria posar de heroína. E conseguiu. Henrique teve uma recaída e foi procurá-la depois. Chegou até a ir a um Centro Espírita a fim de assistir a uma palestra e tomar passe. Eu posso com isso? O poder que essa mulher exercia sobre Henrique era funesto, nefasto.

Mas nem tudo estava perdido ainda...

VISÃO DO PLANO ESPIRITUAL

O regresso ao lar

O ônibus trafegava numa velocidade média. Bruno não parava de falar a respeito da experiência de ter ficado no abrigo durante aquele tempo. Amanda ouvia, atenciosa, e notava como o menino estava revigorado e esperançoso. Ele parecia realmente disposto a enfrentar a difícil situação em que se encontrava. A governanta, ao atender a ligação na noite anterior, logo se prontificou a avisar o pai do menino, que ficara bastante abalado com o desaparecimento do filho. A polícia, inclusive, tinha acabado de ser informada.

De forma repentina, Bruno teve seu estado de humor alterado. Permaneceu quieto por alguns minutos, até que Amanda perguntou o que estava acontecendo.

— Será que meu pai estava triste porque eu sumi ou porque descobriu que eu não sou filho dele de verdade?

— Tenho certeza de que a tristeza vai passar quando ele vir você.

Bruno sentiu-se reconfortado com a resposta de Amanda. Fitou-a por um bom tempo. E desejou que ela fosse sua mãe.

— Você tem filhos?

— Tenho muitos. Todos os meninos e meninas do projeto são meus filhos, inclusive você.

Bruno sorriu e ficou surpreso com a resposta.

— Você é namorada do Roberto?

— Não. Nunca fui. E sempre digo que nunca serei.

— E ele não entende, não é?

– Não. Ele já me pediu em casamento três vezes.

– Mas, por que você nunca se casou? Assim, com outro?

Amanda lembrou-se de sua adolescência, do noivado com Henrique. Bruno tocou na parte mais frágil de seu coração.

– Eu... prefiro não falar sobre isso.

– Ah, então você já gostou de alguém! Conta, conta!

Amanda nem se lembrava mais o porquê de a conversa ter tomado aquele rumo. Bruno estava eufórico, morrendo de rir.

– Você não quer falar sobre essa tempestade de amor, doutora? Quem sabe um arco-íris está à sua espera?

– Muito engraçado...

Bruno se divertiu bastante. Depois de um tempo, voltou ao estado normal. Ao sentir que Amanda não lhe contaria nada, apelou:

– Você pediu para falarmos sobre o nosso passado, sobre as coisas que mais nos machucavam e agora se recusa a fazer o mesmo?

Amanda não teve saída; o argumento era irrefutável.

– Meu noivo se casou com outra. Ela estava grávida dele. Nunca mais me interessei por ninguém. Eu o amava, demais. Um amor pra vida toda.

O rapaz arrependeu-se das brincadeiras que havia feito. O resto da viagem transcorreu em silêncio. Mesmo sem saber, Bruno havia sido um instrumento usado a fim de preparar Amanda para o que viria.

Bruno levou Amanda até a mansão em que morava. Tocou a campainha. Quando a empregada abriu a porta, o menino foi logo perguntando pelo pai.

– Ele está lá em cima, no teu quarto. Arrasado. O que foi que deu na tua cabeça, menino?

Bruno deixou Amanda na sala de estar e subiu as escadas correndo. Abriu a porta do quarto e deparou-se com o pai, sentado na cama, com um retrato seu nas mãos. Quis abraçá-lo, mas esperou para ver qual seria a sua reação. Não sabia se a mãe havia lhe contado tudo.

– Filho? Graças a Deus...

Pai e filho ficaram abraçados por um bom tempo.

– Pai, eu preciso lhe contar uma coisa.

– Eu sei de tudo. Eu sempre soube. Pra mim, você é e sempre será o meu filho.

Bruno mal conseguia conter a alegria.

– Não existe um pai mais pai do que você!

– Existe sim: Deus! Eu pedi muito para Ele trazer você de volta. Desde que seus avós morreram, eu nunca mais quis falar com Deus. Pensei que fosse um castigo pra mim.

Ao ouvir o pai falando de Deus, Bruno lembrou-se que Amanda estava à sua espera. O jovem contou ao pai, resumidamente, tudo o que lhe acontecera durante o

OS PLANOS DA VIDA

tempo em que estivera afastado de casa. Henrique já estava se encaminhando para a porta, quando Bruno se lembrou da cena que presenciara no quarto dos pais.

— Ela lhe contou o resto?

— Sim. Ela nunca mais fará aquilo de novo. Não aqui em casa.

— Você não se importa de ser traído?

— Duvido que ela traia mais do que eu. A nossa união é só para manter as aparências. É como se fosse um negócio, lucrativo para ambas as partes. Sinto muito, meu filho.

— Eu acho que você se casou com a pessoa errada.

— É... a pessoa certa desistiu de mim.

Henrique desceu com Bruno a fim de conhecer a moça que ajudou o filho a superar a crise. A psicóloga estava apreciando um quadro. Bruno aproximou-se com Henrique. Quando Amanda se virou, levou um susto; e Henrique, um baita susto. Bruno já ia tratando de fazer as apresentações:

— Esse aqui é o...

— Henrique?!

— E essa aqui é a...

— Amanda?!

— Ué... como é que vocês sabem? Eu já tinha dito o nome um do outro?

Ninguém respondeu. Amanda não sabia o que pensar, não conseguia estabelecer a ponte entre Henrique e o pai de Bruno. O menino insistiu em saber o que estava se passando. Henrique disse a verdade, espontaneamente.

– Nós já nos conhecemos.

E, com um ar maroto, sorriu para Amanda.

– Nós fomos noivos.

– Não acredito! Caramba! A gente falou sobre vo...

– É! Nós falamos muito sobre você. Eu estava ansiosa para... conhecer o pai do Bruno.

– Mas... tem uma coisa que não está batendo... – disse Bruno, pensativo.

Amanda não acreditava no que estava acontecendo. Teve vontade de fugir. De súbito, um pensamento a acudiu. E o filho que Carolina esperava? Não era de Henrique?

– Pai, você disse que sabia que não era seu filho desde o início, certo?

– Sim, eu sempre soube. E o que é que tem?

Amanda sentou-se. Achava-se confusa. As mãos conservavam-se geladas e trêmulas.

– Então, se não foi por causa da gravidez, por que você se casou com a minha mãe?

– Bem, primeiro porque a Amanda ficou grávida do Roberto e preferiu casar-se com ele. E segundo porque sua mãe era rica. Sinto muito, filho.

Bruno ficou intrigado com a revelação.

– Mas a Amanda não tem filhos. Ela nunca quis nada com o Roberto! E está solteirona até hoje!

– O quê?! Não é possível! – exclamou Henrique.

Amanda estranhou por completo as palavras de Henrique. Ela nunca disse estar grávida do Roberto. Carolina é que estava grávida na época. Teria havido um mal- entendido... No entanto, precisava lutar para manter o controle de suas emoções.

Carolina, que já havia descido há algum tempo, acompanhava a discussão.

– Talvez eu possa explicar melhor o que houve...

Todos se voltaram para ela.

– Eu procurei a Amanda, na época, e disse que estava grávida do Henrique. Ameacei fazer um aborto, caso ela não o deixasse.

Henrique ficou surpreso e indignado com a revelação. Seu coração foi tomado de raiva e revolta.

– Mas isso não explica tudo... – comentou Bruno.

– Filho, vá para o seu quarto!

– Ah, pai...

– Agora. Suba.

Bruno obedeceu. Henrique tentava controlar-se, a respiração estava acelerada. Carolina sustentava um sorriso sarcástico e vitorioso nos lábios.

– Isso é verdade, Amanda?

Amanda não respondeu. Lágrimas rolaram, silenciosas, em sua face.

Henrique ficou frente a frente com Carolina, que o encarou com profundo escárnio.

– Como você é baixa!

Totalmente descontrolado, deu uma bofetada na esposa.

Carolina recompôs-se rapidamente.

– Covarde!

Amanda não esperava a atitude de Henrique e levantou-se, afastando-o de Carolina. Amanda pediu que ele se acalmasse, que nada se resolveria com agressões. Ele estava inconsolável.

– Todos os nossos planos perdidos... tudo... por uma mentira.

– A Amanda preferiu acreditar em mim, porque nunca confiou em você! – disse Carolina.

Carolina esbravejava e observava Amanda com o coração tomado de inveja e rancor.

– A santinha agora deve estar arrependida da boa ação que praticou, não é mesmo?

Amanda pensou antes de responder. Tinha que controlar os impulsos emotivos, precisava ser racional. Carolina não teria realmente feito o aborto caso não contasse com o apoio de Henrique? Além disso, ele era a pessoa que mais apoiava Bruno. Se havia algo de bom em toda aquela dolorosa história de desencontro, era o amor e a união entre duas pessoas que se tornaram pai e filho.

– O importante é que seu filho está vivo e tem um pai que o ama.

Carolina aproveitou-se da resposta.

– Então você não se arrepende de ter abandonado o Henrique?

Henrique, desconsolado, fitava Amanda, que evitava a troca de olhares com o ex-noivo. Ela teve vontade de declarar o seu amor. Mas não podia. Achava que, através do Bruno, aquela família ainda poderia se reestruturar. Não se sentia no direito de interferir.

– Você é que deveria se arrepender de não cuidar dos tesouros que a vida lhe concedeu.

Carolina sentou-se, cruzando as pernas.

– A verdade é que você sempre teve inveja de mim, por eu ser mais bonita, mais atraente do que você.

Henrique sorriu ironicamente.

– Você é mesmo patética...

Amanda aproximou-se de Carolina.

– Essa é a *sua* verdade. Resta saber se você é verdadeira e honesta consigo própria...

Carolina ficou balançada com a observação. Ao dizer as últimas palavras, Amanda pegou a bolsa.

– Eu preciso ir.

– Eu a levarei em casa.

– Você fica! Lembre-se de que é *meu* marido!

– Ela está certa, Henrique. Vocês precisam conversar e se entender. Façam isso pelo Bruno.

Amanda foi embora. Carolina regozijou-se. Henrique não quis conversa com a esposa, que apenas o advertiu:

– Lembre-se de que o nosso casamento é por comunhão de bens. Metade daquilo que você construiu, a partir do patrimônio da *minha* família, é meu!

Henrique retirou-se. Precisava ficar só.

* * *

No dia seguinte, Henrique resolveu procurar Amanda na instituição que acolhera Bruno. Desejava esclarecer de vez o mal-entendido que o separara de sua amada. Nutria o íntimo desejo de envolver Amanda e reconquistá-la.

– Por favor, eu gostaria de falar com Amanda Alves – solicitou Henrique à recepcionista.

– Quem deseja falar com ela?

– Henrique Toledo.

– Aguarde só um momento, senhor Henrique, que eu vou chamá-la.

Após alguns instantes, Amanda apareceu, deixando transparecer sua preocupação:

– Henrique... aconteceu alguma coisa com o Bruno?

– Não, Amanda. Ele está bem. Fique tranqüila. O pior já passou. Posso falar com você um minuto?

– Claro. Venha comigo até a minha sala.

Amanda e Henrique dirigiram-se à sala de terapia, enquanto trocavam impressões a respeito das instalações do projeto. A psicóloga procurava esclarecê-lo a respeito dos objetivos do trabalho com os jovens e das várias atividades oferecidas pela instituição.

Henrique prestava atenção às palavras de Amanda e conservava-se eufórico por estar novamente ao seu lado. A jovem parou diante de uma porta e indicou-a a Henrique.

– Entre, por favor. Fique à vontade.

– Obrigado, querida.

– Esta é a sala de terapia – informou-lhe Amanda.

– Foi aqui que o Bruno conversou com você?

– Sim. Comigo, com o Roberto e com outros jovens.

Henrique surpreendeu-se com o nome do rapaz, e logo foi tomado de ciúmes.

– Amanda, eu acho que houve algum mal-entendido entre nós, envolvendo o Roberto. Vocês não se casaram?

– Não. Nós nunca ficamos juntos.

– Mas eu me lembro perfeitamente que você me disse que ia se casar com ele.

– Eu... menti pra você.

– Mentiu? Mentiu por quê?

– Para que você perdesse as esperanças e se casasse com a Carolina. Ela me disse que faria um aborto.

– Na época, eu achei que você estivesse grávida...

– Não, não. Eu estava falando da Carolina.

Henrique e Amanda silenciaram. Ele estava inconformado com as revelações. Ela buscava resignar-se.

– Nós não tínhamos que ter nos separado – afirmou Henrique, desconsolado.

Amanda, no fundo, concordou com Henrique, mas preferiu não dizê-lo. Optou por mudar o rumo da conversação.

– Você disse que queria falar algo comigo. Era isso?

Henrique procurou recompor-se. A esperança de ter Amanda novamente ao seu lado reconfortou-o.

– Eu vim lhe fazer um convite em meu nome e em nome do Bruno.

– Um convite?

– Sim. Nós queríamos que você viesse jantar conosco esta noite.

Amanda achou por bem recusar o convite.

– É que hoje à noite eu tenho um compromisso.

– E amanhã à noite?

– Amanhã? Bem, eu...

– Não aceitamos um não como resposta.

– Está bem. Amanhã à noite.

Henrique retirou um objeto de sua pasta e ofereceu-o à Amanda.

– É para você usar amanhã.

Amanda surpreendeu-se com o gesto de Henrique. Tratava-se de um luxuoso conjunto de colar e brincos.

– Henrique, eu não posso aceitar. Desculpe-me.

Amanda devolveu o conjunto a Henrique, que teve uma idéia repentina a fim de convencer Amanda a usar a jóia e, ao mesmo tempo, impressioná-la com a sua atitude.

– Mas é pra você doar depois para o projeto...

– Doar?

– Sim, por tudo o que vocês fizeram pelo Bruno.

– Bem, nós agradecemos o seu gesto.

– Só estou querendo ajudar.

Henrique ficou feliz com o resultado de sua visita. Despediu-se de Amanda e foi para o trabalho.

O jantar transcorreu de forma tranqüila e descontraída. Bruno ficou feliz em rever Amanda e quis saber dos colegas do projeto. Ela convidou-o para uma visita ao local e ele aceitou prontamente. Henrique continuava com seus planos de reconquistar Amanda e, a seu ver, estava no caminho certo.

Visão do biógrafo materialista

Capítulo X

Eu tenho muita coisa para contar ainda, meu caro leitor. Segure-se, pois aí vai uma chuva de más notícias: Henrique e Carolina desentendiam-se publicamente; o cirurgião não compareceu ao aniversário de casamento que ela organizou; Bruno começou a namorar uma moça pobre; Henrique começou a atender pessoas carentes em sua clínica; ele mandou construir um instituto social e espiritual para a comunidade, a fim de presentear a heroína dos pobres, Amanda Alves; Carolina acabou revelando o nome do verdadeiro pai de Bruno.

Não me recordo se foi essa a ordem dos acontecimentos, e estou meio sem tempo para pesquisar. O fato é que não dá para falar de tudo de uma só vez. Assim sendo, eu resolvi agrupar os assuntos correlacionados entre si em dois blocos distintos:

• Escândalos patrocinados diretamente por Amanda Alves: brigas ferrenhas entre Henrique e Carolina;

atendimento a pobres na clínica de Henrique Toledo; construção do instituto de terapias Amanda Alves.

• Escândalos patrocinados indiretamente por Amanda Alves: Bruno namorando a tal de Aurora; Carolina revelando o nome do verdadeiro pai de Bruno.

Caro leitor, no próximo capítulo eu irei desenvolver as idéias e mostrar como esses acontecimentos afetaram a vida do nosso querido Henrique Toledo.

Visão do plano espiritual

O amor em três atos

Celina levantou cedo, e foi até a padaria comprar pão. Estranhou que Amanda ainda estivesse dormindo, pois a amiga sempre acordava primeiro. Ao entrar no quarto da amiga, já às nove horas, deparou-se com as jóias que a jovem usara na noite anterior. Experimentou o valioso colar, deslumbrada. Esbarrou em um móvel e derrubou um porta-retrato. Acabou acordando a amiga.

– Que bom que você acordou! Estou morrendo de curiosidade!

– Ah?...

– Onde foi que você arrumou estas jóias?

Amanda bocejou. Celina abriu as cortinas.

– Foi o Roberto que lhe deu?

– Ah... me deixa dormir...

Celina puxou as cobertas de Amanda.

– Fala! Foi ele, não foi?

– Não. Eu... nem vi o Roberto ontem.

– Ah... mas ele veio até aqui, como sempre. Eu estava almoçando quando ele tocou a campainha. Olha, eu não sei como é que você agüenta. Eu já teria dado um fora nele há muito tempo...

Amanda esfregou os olhos e ajeitou os cabelos. Levantou-se, procurando os chinelos.

– Eu já disse, com toda a paciência e delicadeza do mundo, que eu não tenho nenhum interesse nele. Aliás, já sentamos para conversar sobre isso algumas vezes. Mas adianta?

Amanda foi até o banheiro. Celina levantou ligeiramente o tom de voz:

– Você é muito meiga. Tem que ser na base da grosseria! Aí ele vai entender.

Ao terminar de lavar o rosto e escovar os dentes, Amanda voltou para a cama.

– Eu não quero magoá-lo. Eu respeito seus sentimentos, embora não corresponda. Ele é meu amigo, nós trabalhamos juntos no projeto.

– *Amigo*? Ele inventou essa amizade para tentar conquistá-la!

– Não... acho que ele já compreendeu que somos apenas bons amigos. Ele até escreveu isso numa dinâmica feita lá no centro espírita...

– Ah, é? Pois ontem mesmo ele disse que só estava mudando de tática. "Você vai ver, eu dobro ela".

– Não acredito...

Amanda estava perplexa. Lembrou-se do comportamento de Roberto no último encontro no projeto.

– Mas você sabe que ele foi um tanto inconveniente na reunião do projeto? Disse que ia tocar só pra me ouvir cantar. E depois ficou insatisfeito com o poema do Arthur que eu levei.

– Eu acho que você ainda não se deu conta da gravidade da situação. Tolerância tem limite, Amanda. Desde que começou a trabalhar nesse projeto que ele não lhe dá sossego. É uma perseguição sem fim. A pretexto de falar do trabalho lá, quer vir aqui quase todo dia. São recados, presentes, flores, intromissões, inconveniências, constrangimentos. Ele a está sufocando! E a mim também!

Subitamente, uma idéia acudiu Amanda.

– Parece uma obsessão...

Celina, cuja fala sempre vinha ilustrada por gestos, acalmou-se. E concluiu:

– Ele se comporta como se fosse seu namorado.

Amanda aprofundou suas reflexões.

– Por que a amizade entre um homem e uma mulher

é geralmente entendida como o... o embrião de um romance?

– Ele não é seu amigo. Não se comporta como um. É apenas um pretendente que não aceita ouvir um *não* como resposta.

– Eu gosto dele, como amigo. Eu não o vejo como um homem, e sim como um irmão.

– Então seja amiga dele, afastando-o de você...

Celina pegou a mão de Amanda, e olhou-a com uma seriedade que não lhe era habitual.

– Amanda, eu sinto que se você não fizer isso, essa história não vai acabar bem.

Após segundos de completo silêncio, Celina chamou Amanda para ir até a cozinha, tomar o café da manhã. O clima tenso desfez-se quando a amiga de Amanda lembrou-se dos objetos luxuosos que vira no quarto.

– E... vem cá... foi o Arthur quem lhe deu presentes?

Amanda sorriu, revirando os olhos:

– Quanta curiosidade!

– Ué... só pode ter sido ele. Ou não?

Celina passou o açúcar para Amanda.

– Você sabe perfeitamente que o Arthur *também* é meu amigo...

– É. Esse parece ser mesmo. Eu nunca o vi se insinuando pra você, como faz o Roberto.

– Isso é verdade.

Amanda lembrou-se da proposta que Arthur fizera na última vez em que se encontraram.

– O Arthur quer fazer uma reportagem a respeito do projeto. Ele vai até lá com sua equipe entrevistar os trabalhadores e assistidos.

– Que bom! Esses trabalhos têm que ser divulgados mesmo. Se bobear a gente só vê fofoca e baixaria sendo veiculadas pela mídia. O bem quase nunca é manchete. Ah... o Arthur é um jornalista tão culto, tão consciente!

Amanda olhou Celina com ares de provocação. Celina tentou disfarçar. Não adiantou.

– Não fique tão preocupada, Celina. O Arthur é como um filho pra mim. E eu prometo que serei uma boa sogra pra você.

A amiga de Amanda desmanchou-se em risos e esperanças. Após alguns minutos de silêncio, decidiu virar o jogo:

– Você está tentando desviar o assunto!

Amanda resolveu ir direto ao ponto.

– Já que você quer saber, eu digo: foi o Henrique.

– Mentira!? Mas vocês não se vêem há anos!

– Eu ainda não tive tempo pra contar o que aconteceu comigo nos últimos dias. Você sabe que eu tenho trabalhado muito, não é? No projeto, na clínica, no colégio, no Centro Espírita...

– Então fala!

Amanda contou tudo à amiga, que custava a acreditar na história.

– Olha só, a mesma criança que acabou separando vocês voltou a uni-los de novo.

– Eu não queria esse reencontro.

– Mas por quê? Você deixou de amá-lo?

– Justamente por amá-lo é que eu queria que ficássemos bem longe um do outro.

– Mas ele ainda gosta de você...

– Você se esqueceu de que ele é casado?

– Ora, se não fosse o golpe baixo da Carolina, ele estaria casado era com você!

Antes que Amanda respondesse, a campainha tocou. Celina dispôs-se a abrir a porta. Era Roberto, que trazia um embrulho e uma garrafa de vinho nas mãos. Amanda foi para a sala, a fim de ver quem tinha chegado.

– Olá, meninas! Hoje nós vamos comer la-sa-nha! Que tal? – comunicou ele, eufórico.

Celina retirou-se, deixando clara a sua insatisfação. Amanda teve pena de Roberto. No entanto, questionou tal sentimento, diferentemente das outras vezes. Observou-o de forma mais objetiva, quase profissional. Queria analisar cada palavra, cada ação.

– Olha, a última coisa que eu queria era incomodá-las. Eu trouxe um almoço pra vocês, com a melhor das intenções, mas se você quiser que eu vá embora, Amanda, não tem problema. Nesse caso, eu deixo o vinho e a lasanha aqui só pra vocês.

– Então pode colocar aí em cima da mesa, por favor.

Roberto frustrou-se completamente. Tinha certeza de que seu plano era infalível.

– Mas...

– Obrigada, Roberto. Bata a porta quando sair, está bem?

– Não faz isso com a gente, meu amor...

– *Amor?* Você ainda não entendeu que eu só quero a sua amizade?

– Me dê uma única chance. Eu tornarei você a mulher mais feliz do mundo!

– Não faça promessas que não poderá cumprir. Eu não amo você.

– Como você pode ser tão fria? Você tem uma pedra no lugar do coração?

– Se achar que isso faz com que se sinta melhor...

– Você não sente nada por mim? Nada?

– Eu tenho uma grande amizade por você. Mas se você não se contentar com ela, nem amigos nós seremos mais. Você nunca vai me conquistar, só vai destruir nossa amizade. Se é que ela algum dia existiu pra você.

– *Amigo, amigo.* Eu quero saber como homem! O que você sente por mim?

150 OS PLANOS DA VIDA

– Eu já lhe disse isso tantas vezes... Parece que você tem necessidade de ser rejeitado.

– Diga!

Amanda suspirou. Não queria perder o amigo. Mas o pretendente precisava ouvir a verdade, quantas vezes fosse necessário.

– Eu não sinto nada. Eu não o vejo como homem. Entenda isso. Seja meu amigo de verdade. Nós temos uma causa em comum pela qual devemos lutar!

Roberto preparava-se para se retirar. Antes, porém, olhou bem nos olhos de Amanda.

– Você vai se arrepender.

Celina, que ouvira toda a conversa de seu quarto, veio ao encontro de Amanda e a abraçou fortemente. Amanda estava muito triste e, Celina, bastante preocupada. À tarde, a campainha tocou novamente. Desta vez, tratava-se de Arthur, que havia sido convidado pela amiga de Amanda para assistir a um filme com elas.

Após os naturais cumprimentos, o jornalista perguntou com espontaneidade:

– Quem foi que escolheu o filme?

– Nós duas! – respondeu Celina.

– Ah, então é mais importante saber quem escolheu o filme do que qual é o filme? – questionou Amanda.

– Não, porque se fosse você sozinha, seria um daqueles romances impossíveis, de cortar o coração!

Arthur deu boas risadas. Amanda ficou sem graça, mas procurou se defender.

– Mas eles são bem melhores do que aqueles filmes em que no final até o diretor corre risco de vida!

– Nem um tipo, nem outro. O filme de hoje é... *Sociedade dos poetas mortos*. – informou Celina.

– Aposto que tem alguma coisa a ver com Espíritos! – exclamou Arthur, tornando a provocar Amanda.

– Gente, mas o homem hoje está atacado! – concluiu Celina.

Amanda não se deu por vencida.

– Deve ter mesmo. Afinal, os atores são *Espíritos* encarnados!

– É... até que você se saiu bem – disse Arthur.

– Vem cá, alguém pode me dar atenção, por favor?

Ante o apelo de Celina, Arthur regenerou-se. Amanda foi até a cozinha, buscar a pipoca, enquanto a amiga servia o guaraná e Arthur colocava o filme. A campainha voltou a tocar, antes mesmo do término do filme.

– Hoje está parecendo o dia nacional da visita! – brincou Celina.

Arthur ficou preocupado quanto à possibilidade de estar incomodando. Celina ficou dando-lhe explicações, envergonhada, enquanto Amanda foi atender à porta. Em poucos segundos, estava diante de Henrique.

– Oi, Amanda.

– Oi, Henrique. Tudo bem? Entra.

– Tudo bem, obrigado. Vim saber como você está, aproveitando que é feriado.

– Quem é, Amanda? – perguntou Celina.

Amanda tratou de fazer as apresentações.

– Arthur e Celina, este é o Henrique, um grande amigo.

– Ex-noivo, para sermos mais precisos...

– Henrique Toledo? – perguntou Arthur, que o reconhecera.

– Isso mesmo. Muito prazer.

– Prazer. Arthur Mendes.

– Ah, claro. O jornalista que se especializou em matérias de cunho filantrópico.

– É o que dizem. Eu soube que você vai lançar sua candidatura à Prefeitura.

– É o que se comenta.

– Eu sou Celina, a melhor amiga da sua *ex*. Pode-se dizer que eu já o conheço. Dos jornais e das lembranças de Amanda.

Henrique vibrou com o comentário de Celina, que nem percebeu os olhos arregalados de Amanda.

– É um enorme prazer conhecê-la.

– Igualmente.

Amanda tratou de despachar a amiga, antes que a situação piorasse.

– Celina, você não quer preparar um cafezinho pra gente?

– Ah, que esperta! Um *pão* desse aqui na sala e ela me pede pra fazer café!

Arthur e Henrique não puderam deixar de rir. Amanda acabou levando na esportiva.

– Olha, se você quer me matar de vergonha saiba que já estou na fase terminal.

Sem o combinarem, Celina e Henrique tornaram-se cúmplices. Arthur, por sua vez, resolveu colaborar com os planos da amiga de Amanda.

– Eu vou ajudá-la a fazer o café – assegurou o jornalista, encaminhando-se para a cozinha.

Henrique sorria como um menino travesso.

– Celina é bastante simpática.

– É uma grande amiga.

– E o Arthur? Também é só um amigo?

– Também. Assim como você deve ser.

– Tem certeza? Não é isso que os seus olhos dizem...

Fez-se um silêncio. Henrique contemplava Amanda com ternura. A jovem já estava se deixando envolver, por isso resolveu mudar de assunto.

– E o Bruno? Como está?

– Bem. Mandou-lhe um abraço. Disse que vai até o projeto ainda nessa semana para rever você e os colegas. Ele está com muita saudade.

– E por que ele não veio com você?

– Ele queria que ficássemos a sós.

– Mas isso é um complô?!

– Você não pode fugir de mim. Todos os caminhos me levam até você!

Amanda mais uma vez imprimiu novo rumo à conversação.

– E sua esposa?

– Está do mesmo jeito. Provavelmente envolvida com futilidades, ou com amantes...

Henrique deparou-se com um porta-retrato, no qual Amanda estava vestida de bruxa e quis saber a história da foto. Amanda contou-lhe como havia trabalhado com Celina em um grupo de animação para festas infantis. Ele sorria, mas apresentava uma certa preocupação. Aproximou-se de Amanda, como a pedir apoio e compreensão.

– Amanda, se eu pedir o divórcio, não terei muitas chances nas eleições. E ainda perderei metade dos meus bens. Por isso, eu não posso...

Celina interrompeu a conversa, trazendo café com biscoitos.

OS PLANOS DA VIDA

– O Arthur não me auxiliou em nada!

– E o apoio moral, não conta? – argumentou o jornalista.

Henrique foi o escolhido para primeiro provar o café.

– Veja se está bom – solicitou Celina.

– Hum... está ótimo! Celina, você já pode casar!

– Ela ou a cafeteira? – brincou Arthur.

Todos riram de Celina, que não se intimidou.

– A cafeteira eu já tenho. Agora, só falta o noivo, né?

– Não seja por isso. Posso apresentá-la aos melhores partidos da cidade.

– Partidos? Ah, meu coração já está partido...

Henrique ficou feliz com a referência indireta a Arthur. Isso significava que ele não corria risco de ter em Arthur um rival. Quando o jornalista finalmente compreendeu tudo, o assunto já era outro.

– Enquanto lanchamos, nós podemos ir vendo o final do filme, né? – propôs Celina.

Todos concordaram. Amanda teve que se esforçar para prestar atenção à trama. Naquele momento, teve a certeza de que estaria irremediavelmente separada de Henrique. Se permitir que largasse a esposa para ficar com ela já se lhe afigurava um erro, imagine tornar-se sua amante. Não era o que Henrique ia lhe propor? Estava claro que para ele as questões *políticas* e *econômicas* estavam bem acima do amor que havia entre eles. Amanda, antes um tanto balançada, resolveu ser bastante incisiva na recusa às investidas de Henrique.

Ele, por outro lado, indagava-se se Amanda seria capaz de renunciar aos seus princípios em nome do amor que os unia. No fundo, ele realmente não queria abrir mão dos bens e da projeção social que alcançara. Contudo, não podia mais seguir sem sua amada; a existência era penosa e ingrata. Sentia como se houvesse uma lacuna em seu íntimo, que só Amanda poderia preencher.

Ao término do filme, Arthur comunicou a todos que precisava se retirar. Henrique não queria ir embora, porém, já era tarde. Arthur finalmente ajudou Celina, levando as xícaras para a cozinha. Amanda sequer conseguia encarar Henrique, que lhe perguntou, esperançoso:

– Quando vamos nos ver de novo?

– Prefiro que você não me procure mais.

– Está certa disso?

– Estou.

– Se algum dia você mudar de idéia...

Henrique deixou seu cartão sobre a mesa. Amanda estava decepcionada. Ele transformara-se em um homem de negócios, em todos os sentidos. Quando as visitas saíram, Amanda foi para o quarto, dizendo a Celina que precisava ficar só. Chorou muito, sobre as fotos e objetos da época do namoro, até que adormeceu.

Celina guardou consigo o cartão do médico, para o

qual Amanda não deu importância. No dia seguinte, após a amiga ter saído para trabalhar, Celina telefonou para Henrique, que a deixou a par da situação.

– Você quer mesmo saber qual o percentual de chance de a Amanda não levar em conta os seus princípios?

– Certamente.

– Então, olha só... no mês que vem a Amanda vai estar desenvolvendo uma atividade no templo espírita que ela freqüenta.

– Sei. E?...

– Vou lhe dar o endereço, o dia e a hora. Vá até lá e tire suas próprias conclusões.

– Mas só no mês que vem?

– Eu acho melhor você dar esse tempo pra ela.

– É. Tem razão.

– E, de uma forma ou de outra, vai ser muito bom pra você ir até lá.

VISÃO DO BIÓGRAFO MATERIALISTA

Capítulo XI

Como disse antes, estou mantendo a estrutura do último capítulo, pois vou desenvolver-lhe as idéias.

Em relação ao primeiro tipo de escândalos, começo com as brigas públicas entre Henrique e a Carolina, que se tornaram constantes após a reaparição de Amanda. O ápice desses desentendimentos ocorreu, sem dúvida, por ocasião da festa de aniversário de casamento, cuidadosamente preparada por Carolina, à qual Henrique não compareceu. Imagine a situação dela perante a Imprensa!

Henrique parecia ter enlouquecido, pondo em risco sua carreira política! Chegou até a sair de casa novamente. Depois, passou a atender pobres na clínica uma vez por mês. Ficava lá o dia inteiro fazendo cirurgia em pessoas sem recursos. Isso até que lhe deu certa popularidade, mas ele, infelizmente, não o fazia por causa disso. Queria era agradar Amanda...

Ainda não satisfeito, mandou construir um instituto de terapias para a amadinha. Havia toda uma infra-estrutura e uma infinidade de recursos que ficaram à disposição da "poderosa" para o desenvolvimento de um projeto de assistência a comunidades carentes. Seria uma espécie de pronto-socorro espiritual.

No que se refere ao segundo tipo de escândalos, inicio com o maior de todos: o namoro de Bruno com Aurora, uma jovem pobre, com quem mais tarde se casaria, dando mais um prejuízo para a família Toledo. Ele a conheceu em um projeto para menores em situação de risco, no qual Amanda trabalhava.

Já até sei: você está doido (a) para saber o nome do verdadeiro pai do Bruno, não é? Deixe-me apenas narrar em que circunstâncias a revelação foi feita. Tudo aconteceu devido à violenta briga que Carolina teve com o marido em função dessa situação constrangedora que ela passou na festa de aniversário de casamento. E, para completar, Henrique disse que sairia de casa, pois queria ficar com a ex-noiva. Em meio aos gritos e acusações, ela perdeu a cabeça e resolveu tocar em um ponto fraco de Henrique: o ódio que ele nutria pelo avô. Jorge Toledo tivera um caso com Carolina, e Henrique acabou criando o filho do seu maior inimigo: Bruno.

Caríssimo leitor (a), se você está do lado de Amanda, saiba que ela não venceu a disputa por Henrique. Ora, o divórcio litigioso simplesmente não vai acontecer... Henrique voltará para casa e se unirá novamente à esplendorosa Carolina...

VISÃO DO PLANO ESPIRITUAL

Trabalho no bem

A situação estava bastante tensa quando Amanda chegou ao projeto. O clima pesado em nada lembrava a sensação de paz que o ambiente sempre proporcionou. A psicóloga logo sentiu a diferença e foi procurar a assistente social, que a informou de que a polícia havia sido acionada e estava a caminho.

– Polícia? Mas o que aconteceu afinal? – quis saber Amanda.

Amelinha levou a colega de trabalho até uma sala e pegou o jornal do dia anterior, que ali depuseram. Mostrou o retrato falado de um rapaz procurado pelo assassinato de um empresário, ocorrido na semana anterior. Uma testemunha resolvera se apresentar e colaborar com a polícia.

– Meu Deus! É o Rafael... – disse Amanda, perplexa.

Amelinha enxugava as lágrimas com um lenço branco.

– Foi o Roberto quem trouxe o jornal. Ele disse que ia ficar mal para o projeto abrigar um criminoso.

– E onde está o Rafael agora?

Amelinha esforçou-se para responder; foram cenas muito chocantes as que presenciara.

– Está... trancado na sala onde você faz reuniões com eles.

– Trancado?!

– É. Ele estava lá olhando as coisas, aí o Roberto chegou e falou para ele que já sabia de tudo, que a polícia estava vindo para cá. O Rafael descontrolou-se. Empurrou o Roberto e tentou fugir. Eles se atracaram, e o Roberto conseguiu trancá-lo lá dentro. Ele ficou gritando, chorando, batendo na porta. Até que tudo ficou em silêncio. Foi horrível...

Amanda, profundamente abalada, abraçou Amelinha. Em pouco tempo, a psicóloga já direcionava suas emoções para resolver o problema.

OS PLANOS DA VIDA

– Vou até lá.

– Não vai adiantar. O Roberto não está deixando ninguém se aproximar.

Amanda seguiu, determinada, rumo à sua sala. Amelinha foi atrás, tentando, inutilmente, dissuadi-la.

– E se a situação piorar, Amanda?

– O diálogo nunca piora as coisas. Nós sempre resolvemos tudo em conjunto. Por que vai ser diferente agora?

Roberto estava sentado numa cadeira em frente à sala de terapias, tomando café. Quando viu Amanda, sorriu com um ar vitorioso. Estava certo de que procedera da melhor forma e de que Amanda se orgulharia dele.

– Roberto, nós precisamos conversar.

Rafael ouviu a voz de Amanda, e correu para a porta, colando nela um dos ouvidos.

– Amanda, nós estamos abrigando um assassino...

– O Rafael ainda não foi a julgamento. Ou foi?

Roberto ficou sem graça.

– Só estou defendendo os interesses do projeto.

– O interesse maior do projeto é preservar a integridade física e moral desses adolescentes. É ajudá-los a reavaliar o passado, para juntos construirmos um futuro melhor.

– Eu só o tranquei porque ele tentou fugir.

– Tudo bem, Roberto. Mas a sala de terapias não é, e nunca será, uma prisão. E a proposta do projeto é acolhê-los, orientando-os. Estes mesmos que aqui chegam com os valores invertidos ou deturpados.

– Ele me agrediu, sabia?

– Roberto, você o agrediu primeiro quando o denunciou, sem sequer permitir que nós o preparássemos para enfrentar essa situação. Ele confiou em nós. Eu tenho certeza de que com o tempo o Rafael nos contaria tudo por si próprio.

– A gente ia ter que informar a polícia de qualquer jeito.

– Não de *qualquer* jeito. O Rafael poderia se entregar. Entendeu?

Roberto ainda estava indeciso. Amanda aproximou-se dele.

– Eu sei que você também está sofrendo com tudo isso.

Roberto ficou pensando por alguns instantes.

– E se ele fizer algo contra você?

– Não fará. Ele não está mais na selva.

Amanda fez Roberto relembrar as palavras de Rafael na reunião: "Cara, se te jogam na selva, tu vai virar uma fera. E se te colocam num rebanho, tu vai virar uma ovelha."

– Está bem. Mas você tem que ser rápida. Eu vou ficar aqui fora esperando. Qualquer coisa, é só gritar.

– Aleluia! – exclamou Amelinha, com religiosidade.

Rafael afastou-se da porta. Roberto entregou a chave a Amanda, que entrou cuidadosamente na sala e deparou-se com o rapaz, sentado no tatame, com um olhar distante.

– Quero pedir desculpas por tudo o que aconteceu – disse Amanda.

Rafael permaneceu em silêncio. Amanda sentou-se ao lado dele.

– Eu não tive culpa...

– Eu sei... é que o Roberto...

– Pensei que ele ia puxar uma arma...

Amanda no princípio não entendeu as palavras do rapaz, mas depois percebeu que ele estava se referindo ao empresário morto durante o assalto.

– Foi o meu primeiro roubo de carro. Também era a primeira vez que eu usava uma arma de fogo. O cara parou no sinal, e eu me aproximei com o revólver. Eu estava muito nervoso, com medo de morrer. Na hora, nem me lembrei de escolher uma mulher, que são mais difíceis de reagir. Ele ficou surpreso quando me viu. Eu vi o medo no olho dele. Aí eu falei "perdeu, desce do carro agora!". Eu tinha muito medo dele reagir. Ele fez um movimento repentino, eu pensei que ele ia sacar uma arma. Não dava tempo de pensar em mais nada. Só lembrei dos manos falando "na dúvida, atira!". Foi o que eu fiz. Pegou na cabeça. O sinal abriu. Eu fiquei desesperado, joguei o corpo dele pra fora do carro. Ele não tinha arma nenhuma. Ele só ia tirar o cinto de segurança. Levei o carro e entreguei na mão dos manos. Peguei a minha parte, uma merreca que não dava nem pra fugir. Eles falaram pra eu me virar, que o problema era meu. Saí pelas ruas, sentei numa calçada e chorei. Eu é que tinha que ter morrido no lugar daquele cara, eu não sei o que eu estou fazendo neste mundo... mundo cão. Mundo de gente esbanjando dinheiro e outras passando fome. Mundo desigual.

Rafael silenciou por instantes.

– Bom, aí uma moça me viu, conversou comigo, e eu vim pra cá. Era o plano perfeito. Vim pra me esconder aqui.

Amanda lançou uma reflexão para Rafael.

– Esconder-se da polícia ou de si mesmo?

– Do mundo.

– Mas a gente não pode se esconder por muito tempo...

– Eu só queria uma chance de... de ser alguém na vida!

Rafael revoltou-se.

– Maldita a hora em que eu peguei naquela arma!

Amanda esperou Rafael se acalmar.

– Por maior que tenha sido o erro, é preciso assumi-lo e enfrentar as conseqüências.

Amanda segurou a mão de Rafael.

OS PLANOS DA VIDA

– Você é menor de idade. Vai para um lugar especial. Vai ter a chance de ser reabilitado. Você ainda tem direitos, que são assegurados por lei.

Rafael lembrou-se do empresário morto, com remorso.

– Se eu cumprir a pena, será que um dia eu vou ter direito a uma segunda chance nesse país?

Amelinha bateu à porta. Amanda solicitou que ela entrasse.

– O tempo acabou. Os policiais já estão subindo.

O rapaz buscou o apoio de Amanda.

– Não me deixa sozinho.

– Eu vou com você. Mas não se esqueça de que você nunca estará sozinho. Deus está dentro de cada um de nós. E se o homem, que é o homem, nos dá uma segunda oportunidade, Deus nos dá quantas nós precisarmos para a nossa regeneração. Mas o desperdício gera dor e sofrimento para nós mesmos.

✳ ✳ ✳

Todos ainda comentavam o caso do Rafael, ocorrido na antevéspera. Bruno finalmente apareceu para visitar Amanda e os colegas. Levou presentes para todos. Foi uma tarde inteira de confraternização. Aurora recebeu uma atenção especial, e ficou conversando com ele no jardim por um bom tempo, até que Amanda apareceu.

– Atrapalho?

Aurora ficou encabulada.

– De forma nenhuma – respondeu Bruno, sorrindo.

– A mãe do Pedro já chegou.

– Que bom! – exclamou Aurora.

– E ele sabe disso? – inquiriu Bruno.

– Não. Será uma surpresa. Conseguimos localizá-la por meio daquela ficha que fazemos quando vocês chegam até aqui.

– Se minha mãe fosse boa, eu também ficaria feliz todas as vezes em que a visse.

– Há pessoas que não conseguem ser boas sozinhas. Precisam de ajuda. Talvez de um filho – afirmou Amanda.

– Mas como eu poderia ajudá-la?

– Você disse que ela nunca lhe fez um carinho...

– É verdade.

– E você? Alguma vez você disse palavras carinhosas ou teve um gesto de afeto para com ela?

– Poucas vezes.

Aurora surpreendeu-se. Bruno justificou-se.

– Ela sempre se manteve tão indiferente a mim. É difícil uma aproximação...

– Você pode dar o primeiro passo – propôs Aurora.

– Ninguém é inacessível ao amor, Bruno. Mais cedo ou mais tarde, todos se rendem a ele. Talvez por isso a Carolina tenha medo de se relacionar de verdade com quem quer que seja. Note como ela fica sempre na defensiva, como ela afasta todos.

– É mesmo...

– E mesmo ela não sendo uma boa mãe, isso não impede que você seja um bom filho – acrescentou Aurora.

Bruno estava disposto a mudar as atitudes. Dali em diante, iria se aproximar da mãe aos poucos, procurando compreendê-la e dando-lhe mais afeto. Bruno ficou bastante emocionado ao presenciar o reencontro entre Pedro e a mãe. O rapaz chorava como uma criança nos braços daquela mãe que, mesmo com a ausência, se fez ouvir na consciência do filho e tirou-o de um caminho cheio de pedras. Bruno resolveu remover a pedra da indiferença e abraçar sua mãe.

∗ ∗ ∗

Amanda estava apenas a alguns metros de casa quando foi subitamente interpelada por Carolina, que desceu do carro, guiado por um motorista.

– Eu preciso ter uma conversa séria com você.

– Carolina? Eu estou surpresa...

– Por quê? Achou que eu fosse entregar meu marido e meu filho de bandeja?

Neste instante, ouviu-se um grito do outro lado da rua. Uma menina se debatia, no esforço de se desvencilhar de um homem, que tentava calá-la a todo custo. As pessoas em volta não entendiam o que estava acontecendo.

– Me solta! Socorro! – bradava a jovem.

A garota era covardemente espancada, em meio à inércia do pequeno grupo que se formara.

– É uma menina abandonada. Deve estar drogada! – comentou uma senhora.

– Essa população de rua é um estorvo pra sociedade! – exclamou um transeunte.

– Ninguém vai fazer nada pela garota? – perguntou uma moça.

Amanda atravessou a rua, e Carolina foi atrás.

– Ele estava passando a mão em mim!

– Mentirosa! Cala essa boca! – gritou o homem, chutando violentamente a garota.

Carolina ficou indignada com o assédio do rapaz. Amanda interveio a favor da jovem, pondo-se à frente dela.

– Pare com isso! – gritou Amanda.

– Sai da frente! Não se meta nisso, moça!

Revoltado com aquela atitude, ele partiu para cima de Amanda também. No entanto, foi contido pelas demais pessoas que acompanhavam a agressão à menor, mas que não aceitaram que ele fizesse o mesmo com Amanda. O homem saiu correndo, porém ainda pôde ouvir as palavras de Carolina:

– Covarde! Você só é valente na hora de molestar meninas, não é?

Amanda ficou surpresa com a reação de Carolina. O episódio revelara uma outra face da mãe do Bruno. A psicóloga resolveu levar a jovem para casa, e propôs a ela que, a partir do dia seguinte, ficasse alojada no projeto. Ela concordou; era órfã.

– Você não quer entrar, Carolina? – perguntou Amanda.

– Eu serei breve.

Carolina entrou e tirou da bolsa um talão de cheques. Enquanto falava, preenchia uma das folhas.

– Você não vai conseguir me tirar o Henrique. Eu sei que vocês estão tendo um caso, mas daí a ele sair de casa já é uma outra história.

– Não existe caso nenhum, Carolina. Eu lhe dou a minha palavra.

– Bem, quanto ao Bruno, sei que você não gosta dele. Você é falsa com o menino. Como poderia gostar dele, se por causa dele, você perdeu o Henrique pra mim?

– Ele não teve culpa de nada...

– Amanda, ouça bem o que eu vou dizer: se você não tem família, não vai roubar a minha! Saia do meu caminho, ou você vai pagar caro!

Carolina levantou-se, a fim de ir embora. Antes de sair, porém, entregou um cheque a Amanda.

– Quando ela sair desse tal projeto, terá como recomeçar a vida.

Amanda admirou a sensibilidade de Carolina.

– Carolina, eu...

– Você já está avisada...

Carolina retirou-se. O episódio fez com que se lembrasse da infância. A morte do pai, e os sucessivos amantes da mãe. Não foram poucos os que a molestaram sexualmente, aproveitando-se de sua ingenuidade. Carolina sentia como se sempre houvesse sido uma mulher, nunca uma simples menina. Não superava o ressentimento pela mãe. Nenhuma das duas jamais tocara no assunto.

Alguns dias depois do ocorrido, Amanda preparava-se para a palestra espírita que tinha a incumbência de realizar naquela semana. Os livros espalhados na mesa da sala e a concentração nos estudos não a impediam de sentir a falta que Henrique sempre fez em sua vida.

Visão do biógrafo materialista

Capítulo XII

O ódio de Henrique pelo avô aumentou ainda mais após a revelação de Carolina. Nem eu imaginaria uma afronta dessas! Ele magoou-se profundamente com a esposa e, como relatei antes, saiu de casa. Vejam: não foi por causa de Amanda que ele saiu de casa. Foi por conta da decepção que sofreu com a esposa...

Henrique queria mesmo era ter um caso com a ex-noiva, por isso não iria renunciar às regalias por muito tempo. Tinha nascido para brilhar. E Carolina iria ajudá-lo a voltar para o caminho das pedras preciosas. Era só tirar Amanda de cena. A psicóloga iria pagar caro pela audácia de se envolver com Henrique.

A vingança de Henrique pelo avô, num primeiro momento, só se concretizou pela metade. Como eu relatei a vocês, Jorge Toledo foi denunciado pelo próprio neto, que revelou o seu envolvimento com o tráfico de drogas. Mas o avô fugiu do país logo após a derrota nas eleições. E mais. Mandou um recadinho para Henrique: iria se vingar da forma mais cruel possível.

A Henrique não faltavam desafetos. O Roberto, por exemplo, não aceitava de jeito nenhum a sua reaproximação com Amanda. Cansou de procurá-lo, fazendo escândalos. Numa dessas discussões, sendo contido e afastado pelos seguranças do rival, Roberto gritou, totalmente descontrolado: "você não perde por esperar".

Uma tragédia estava a caminho.

Visão do plano espiritual

A palestra espírita

No auditório, todos permaneciam em silêncio.

172   OS PLANOS DA VIDA

Apenas uma música ambiente podia ser ouvida. Henrique chegara cedo e observava as dependências do Centro. Havia algumas pessoas registrando presença na recepção, outras na livraria, mas a grande maioria conservava-se sentada. Acomodou-se na primeira fila. Diante de si uma grande mesa sobre a qual se viam livros, alguns papéis, uma jarra d'água e um microfone portátil. Um senhor aproximou-se de Henrique e pediu-lhe que abrisse um livro numa página e a lesse para todos, assim que ele solicitasse. Henrique acabou concordando.

Amanda deu entrada no recinto, e foi logo cumprimentando a todos. Já conhecia grande parte dos freqüentadores, que lhe admiravam a simplicidade e o carisma. Só quando se sentou à mesa é que viu Henrique. Ambos sorriram. Ele teve a nítida sensação de não ser a primeira vez que assistiria a uma preleção de Amanda. Ela não entendeu como ele chegara até ali, mas ficou contente. O dirigente, atento ao horário, levantou-se para dar início aos trabalhos.

– Irmãos, que a paz de Jesus esteja entre nós. Devo lembrar que sempre começamos as nossas reuniões com a leitura de uma página, que serve de preparação para os estudos. Ao término da leitura, nosso irmão José irá proferir a prece inicial.

Henrique percebeu que chegara o momento da leitura. Levantou-se, cumprimentou os presentes e começou a ler. Depois, sentou-se e José, um trabalhador da Casa, levantou-se e deu início à prece.

– *Jesus, Mestre e Irmão, agradecemos a oportunidade*

de conhecer a Verdade, pois, como disseste, ela nos libertará. Ajuda-nos a quebrar os grilhões da ignorância e de todos os vícios decorrentes da falta de amor. Que possamos fazer um uso digno do nosso livre-arbítrio, escolhendo a porta estreita do sacrifício pelo Bem, não nos deixando seduzir pelas facilidades mundanas, que conduzem à desilusão. Envolve-nos em tua Luz e que a tua Paz fortaleça nossos corações. Assim seja.

Após proferida a prece, o dirigente da reunião concedeu a palavra a Amanda, que agradeceu e se levantou calmamente.

– Boa tarde a todos. Àqueles que não me conhecem, eu me chamo Amanda e trabalho no DAS, que é o Departamento de Assistência Social da Casa. É sempre um prazer estar aqui, *aprendendo* com vocês, pois em se tratando de Doutrina Espírita não existem professores. Somos todos aprendizes.

O tema de hoje é o seguinte: *As relações entre o plano material e o plano espiritual.* Antes de iniciar, eu gostaria de pedir que, no decorrer do estudo, vocês façam as intervenções que julgarem necessárias, apresentando as contribuições de vocês também. Eu tentarei ser bastante didática, pois vejo que muitas pessoas estão vindo pela primeira vez.

Então, vamos situar o estudo de hoje no âmbito das idéias mais correntes sobre o assunto. O que se costuma ter, em linhas bastante gerais, como crença relativamente a um aspecto do tema em questão, baseia-se em uma divisão bastante estanque entre os chamados *vivos* e *mortos*.

Para os materialistas, a vida termina, indiscutivelmente, com a morte do corpo. Uma vez que a individualidade residiria no cérebro, que obviamente se decompõe após o falecimento do ser, torna-se completamente inviável pensar na possibilidade de intercâmbio entre os chamados *vivos* e *mortos*. A vida seria um atributo do organismo, não existiria uma co-existência entre corpo e alma. Após a morte só haveria a não-consciência, o nada, o fim.

Bem, já os considerados espiritualistas, em geral, crêem na existência da vida após a morte. Para estes, o homem tem um corpo e uma alma. A crença nessa intercomunicação entre *vivos* e *mortos* não é totalmente descartada, mas é ainda confusa e circunscrita a situações muitíssimo específicas. Em alguns casos, é comum ouvir que os chamados *mortos* estariam adormecidos, à espera do dia do julgamento, a fim de saber se irão para o céu, se ficarão no purgatório, ou se irão para o inferno. Perdoem a simplificação, mas o meu objetivo não comporta maiores considerações.

Também deixo claro que não se trata de uma crítica a essa ou àquela instituição religiosa. Lembro que, de acordo com o Espírito da Verdade, a melhor religião será aquela que fizer o maior número de homens de bem; então é mais uma questão de prática do bem do que de discussões teóricas. Essa idéia fica bem clara na máxima "Caridade não tem religião". Apenas lembro que devemos questionar, com senso crítico, as ideologias que chegam até nós.

Para a Doutrina Espírita, essa divisão absoluta entre

OS PLANOS DA VIDA

vivos e *mortos* não se sustenta, visto que ambos são Espíritos, que apenas *vivem* em planos diferentes. Os primeiros são os Espíritos *encarnados*, habitantes do mundo físico, e os segundos são os Espíritos *desencarnados*, habitantes do mundo extrafísico.

– Por isso que dizem que a morte é apenas uma viagem... – comentou um senhor.

– Exatamente. Com a morte do corpo, o Espírito regressa ao Plano Espiritual, sua verdadeira pátria. A existência no Plano Material é temporária. O corpo é apenas um instrumento através do qual o Espírito se manifesta. Ele não é criado juntamente com o corpo; ele preexiste ao corpo, ele habita um corpo. Deus cria os Espíritos simples e ignorantes. Todos são perfectíveis, e devem progredir mediante os próprios esforços. A fim de evoluir, intelectualmente e moralmente, o Espírito encarna e reencarna quantas vezes forem necessárias. Assim, ele vai se despojando de suas imperfeições.

– É verdade que numa próxima existência eu posso vir como um cachorro ou outro animal? – perguntou uma jovem.

– De acordo com a Doutrina Espírita, não. Nós estamos submetidos à lei do progresso. Haveria algum se eu passasse de ser racional a irracional? Certamente que não. O objetivo da reencarnação é o aperfeiçoamento do Espírito, que precisa superar as provas que lhe chegam e resgatar as faltas cometidas em existências anteriores.

– Inclusive o planeta Terra é ainda um mundo de

provas e expiações... – esclareceu um outro orador da Casa.

– É verdade. Vejam que, com todo o avanço das ciências, o problema da fome, por exemplo, ainda não foi resolvido. As disparidades sociais ainda persistem. Há um considerável progresso intelectual, mas em que nível está o progresso moral? Infelizmente, a humanidade ainda presencia a guerra, a miséria, a opressão, a violência... Urge que façamos uma reforma social, mas, acima de tudo, é preciso que cada um de nós empreenda uma reforma íntima. Se cada um procurar ser uma pessoa de bem, a sociedade não adoecerá com o mal.

O problema é que nós ainda estamos atrelados a uma série de ilusões. Nós achamos que a nossa força está na condição financeira, na posse de terras, na beleza física, na popularidade, no poder político, no nosso bem-estar exclusivo. Esses são os *bens* que muita gente passa a vida desejando conquistar. Mas não nos esqueçamos de que a única bagagem que levaremos no momento de nossa *viagem* será o conhecimento adquirido, a caridade que houvermos praticado, a experiência, o caráter...

Já deu para percebermos que os valores esposados pelo Plano Espiritual são bem diferentes dos que costumam ser exaltados por aqui... Se não tivermos cuidado, somos facilmente manipulados pelo discurso do *ser alguém na vida*, como se nós só fôssemos nos tornar alguém na medida em que adquirirmos dinheiro e projeção social. Não é que nós não possamos ter dinheiro, terras, fama, etc. Mas nós devemos *relativizar* esses

OS PLANOS DA VIDA

177

valores, e não nos valermos deles para assumir uma postura de superioridade em relação ao próximo. Vamos agradecer a Deus por esse empréstimo, essa é a palavra, reconhe-cendo que tudo provém Dele. E estender benefícios a todos.

– Nós podemos escolher se seremos ricos ou pobres, por exemplo? – quis saber um rapaz.

Alguns Espíritos podem escolher o gênero de provas pelas quais irão passar aqui, inclusive a futura condição social, mas isso depende de fatores variados, como grau evolutivo, merecimento, etc. André Luiz, no livro *Os Mensageiros*, relata o caso de alguns médiuns que planejaram sua vinda ao Plano Material a fim de trabalhar na seara espírita. Seriam mediadores entre os dois planos. Ele mostra como uma grande maioria falhou na sua missão por se desvirtuar em função de inúmeros fatores, como ambição, comodismo, incompreensão de parentes, entre outros motivos. Então, embora seja possível a alguns planejar os pontos primordiais de sua nova existência corpórea, a possibilidade de se desviar da rota não é pequena, em virtude das *tentações* que o mundo nos apresenta.

Mas por que citei o livro de André Luiz? Porque todos os homens são médiuns em maior ou menor grau. Não significa isso que todos vão exercer a função de médiuns num Centro, mas que os encarnados podem se comunicar com os desencarnados. Esse é o ponto essencial do nosso estudo. Não se trata, portanto, de dois mundos estanques, o dos *vivos* e o dos *mortos*, mas são planos que apresentam comunicação entre si, numa relação de solidariedade. Por meio dessa inter-relação é que surgiram inúmeros livros espíritas que temos hoje, incluindo as obras básicas do Espiritismo. As mensagens do Plano Espiritual são enviadas desde muito tempo atrás, e esse contato entre os planos não é nenhuma novidade. Algo um tanto parecido ocorreu com Moisés, a quem foram revelados *Os Dez Mandamentos*. Jesus também travou conversação com os desencarnados em várias passagens do Evangelho como, por exemplo, nos instantes em que expulsou os *demônios*, que nada mais eram que Espíritos, filhos de Deus ainda obstinados no mal.

Como vêem, as fronteiras entre os *Planos da Vida* são mais tênues do que supõem muitos. Aliás, essa comunicação também pode acontecer através do sonho. Todos nós, ao dormirmos, desfrutamos de um momento chamado de emancipação da alma. Nós entramos em contato com os Espíritos, enquanto o corpo, e somente o corpo, descansa. Podemos nos encontrar com entes queridos que estão na Espiritualidade, com nosso mentor espiritual, com amigos e inimigos de outras vidas. E até uns com os outros. Mas nem todos os sonhos são dessa natureza...

– Nós também podemos ter lembranças de outras vidas durante os sonhos? – inquiriu uma senhora.

– Certamente. Quando reencarnamos, nós experimentamos o esquecimento do passado, que é uma bênção de Deus. Se praticamos o mal em existências pregressas, temos a oportunidade de recomeçar sem o peso do remorso e da culpa. Se fizemos o bem, o esquecimento impede

OS PLANOS DA VIDA

que por ventura nos acomodemos ou até mesmo venhamos a nos envaidecer. Agora, essas incursões no passado, através dos sonhos, normalmente têm o objetivo de nos alertar para algum aspecto da nossa vida atual.

– É interessante lembrar que, antes de dormirmos, podemos fazer uma prece, que é uma forma de nos comunicarmos com a Espiritualidade Superior. É uma maneira de não nos desligarmos dos ideais do Bem. Nós podemos inclusive pedir pelos Espíritos ainda não esclarecidos pela Luz do Amor. Em vez de condená-los ou temê-los, nós podemos prestar auxílio com nossas orações – elucidou o dirigente da reunião.

– É verdade. Se cada um pedisse pelo outro, ninguém precisaria pedir para si... Bem, o intercâmbio entre o Mundo Espiritual e o Mundo Corpóreo é uma realidade que não deve ser ignorada. Não olvidemos que os Espíritos influem em nossas vidas através do pensamento. Se são bons, nos inspiram à prática do bem, se são maus, procuram nos conduzir à senda do desequilíbrio. Então, devemos *orar* e *vigiar*. Além disso, precisamos atender à exortação "amai-vos e instruí-vos", a fim de neutralizar a ação dos Espíritos malfazejos, nossos irmãos transviados, e fortalecer a dos bons Espíritos.

Talvez, acreditar que os Espíritos estariam num local à parte, bem distanciados de nós, nos incutisse segurança. No entanto, a incorruptível segurança só terá aquele que souber sacrificar-se pelo Bem. Todos nós, encarnados ou desencarnados, estamos na Terra para evoluir. Será pelo amor ou pela dor. Mas será.

Olha, eu sempre recomendo, ao final de cada estudo, o aprofundamento das questões aqui discutidas mediante a leitura dos livros codificados por Allan Kardec, que compõem as obras básicas do Espiritismo e também a leitura das obras complementares afins com o tema do estudo. Sem isso, a impressão que eu tenho é que estou sendo sempre superficial, já que uma informação *puxa* várias outras. Conto com vocês para me ajudarem a desfazer essa impressão... Obrigada pela presença e até a próxima.

O dirigente da reunião levantou-se e deu início à prece de encerramento:

– *Jesus, que possamos fazer do intercâmbio entre ricos e pobres, fortes e fracos, sábios e ignorantes, crentes e descrentes, amigos e inimigos, entre encarnados e desencarnados uma lição maior: a de que todos somos irmãos e devemos nos ajudar mutuamente. E assim, Senhor, vivenciar realmente a igualdade entre os homens, tão falada atualmente e tão pouco praticada. Que a ação do Plano Espiritual sobre o Plano Material, através dos Mensageiros do Amor e da Verdade, possa levar a humanidade a reviver o Cristianismo. Que assim seja.*

Os médiuns aplicaram o passe coletivo e, em seguida, alguns trabalhadores serviram água fluídica a todos.

Henrique esperou por Amanda, e insistiu para acompanhá-la até em casa. Afirmou que queria conversar um pouco sobre o estudo. Ela consentiu que ele o fizesse, desde que fossem andando. Amanda gostava de caminhar por aquelas ruas tão tranqüilas.

OS PLANOS DA VIDA

– Eu gostei muito da sua palestra, embora não acredite muito na reencarnação.

– Que parte lhe chamou a atenção?

– Aquela em que você falou a respeito da inversão dos valores. Isso me fez refletir um pouco sobre a minha vida, sempre tão voltada para mim mesmo...

– O primeiro passo para uma mudança é a reflexão, o auto-exame.

– Eu fiquei pensando que poderia fazer algo na área social, como atender pessoas carentes na minha clínica, por exemplo.

Amanda ficou radiante com a iniciativa de Henrique.

– É um trabalho muito gratificante ajudar o próximo. Você vai se surpreender com os resultados...

Amanda parou na porta de casa, sem saber se deveria convidar Henrique para subir.

– Não vai me oferecer um lanche? A palestra me deu fome.

– Claro! Imagina...

Amanda abriu a porta e constatou que não havia ninguém em casa.

– E a Celina? Como está?

– Melhor do que nunca. Acho que finalmente ela e o Arthur estão começando a se entender.

– Que bom. Ah, eu li a matéria a respeito do projeto em que você trabalha. Você estava muito bem na foto.

– Nem me fale... O Arthur insistiu com essa história de fotografia. Aí eu resolvi a questão. Tiramos uma foto coletiva, com todos os trabalhadores e alguns assistidos. Agora tem até gente nos reconhecendo na rua!

– Eu ainda vou fundar um projeto com o seu nome...

Amanda achou graça do comentário de Henrique. Já na cozinha, a psicóloga começou a preparar o lanche. Henrique sentou-se à mesa e a observava com profundo carinho. O encantamento que ele sentia por ela era irresistível. Ele resolveu dar novo rumo à conversa.

– Amanda, eu pensei muito na nossa situação. Sei que você é uma pessoa íntegra e que não aceitaria o papel de amante... Eu agi muito mal com você, quando deixei o meu cartão e... ainda bem que a Celina me ligou.

Amanda ficou surpresa.

– A Celina? Ela não me disse nada.

– Eu não posso mais viver sem você, por isso eu tomei uma atitude drástica: eu saí de casa.

Amanda tinha acabado de pôr na mesa o sanduíche natural e o suco de laranja. Surpresa com a revelação, sentou-se calmamente. Henrique reforçou a informação.

– Eu e a Carolina estamos definitivamente separados.

Henrique segurou as mãos da amada.

– Vamos recuperar o tempo perdido...

Amanda estava confusa.

– Henrique, eu não quero ser responsável por...

– Você não teve culpa de nada. A Carolina nunca teve boa índole. Só pra você ter uma idéia: quando eu disse que ia me separar, ela perdeu a cabeça e me jogou na cara o nome do verdadeiro pai do Bruno.

Henrique procurou controlar-se.

– Ele é filho de Jorge Toledo.

Amanda observou a revolta de Henrique.

– E por que isso mexe tanto com você?

– Porque, mesmo fazendo parte da família, ele destruiu o lar dos meus pais.

– Não cultive ressentimentos, Henrique. Esse tipo de sentimento só lhe faz mal.

Henrique procurou acalmar-se.

– Eu continuo amando o Bruno do mesmo jeito. Ele não é responsável pela leviandade da mãe.

– E você acha que essa separação vai ser boa para ele?

– Nós nunca fomos uma família de verdade. Estou cansado de viver de aparências.

Após refletir no que ouvira, Amanda serviu um pouco de suco a Henrique, que gostou do sanduíche que ela havia feito. Durante o lanche, eles ainda conversaram sobre alguns sonhos que estavam tendo um com o outro. Amanda levantou-se para atender a um telefonema. Quando voltou, recolheu a louça e a pôs na pia. Em seguida, tornou a sentar-se ao lado de Henrique, que a fitou com imensa ternura.

– Eu preciso que você me dê uma chance...

Os dois se entreolharam.

– Henrique, eu preciso de um tempo pra pensar.

– Está bem. Então... amanhã eu passo aqui.

– Amanhã?

– É.

– Por quê?

– Eu sei que você vai dizer sim, mesmo...

Amanda sorriu.

– Quanta presunção...

– O que eu posso fazer se você me ama?

Amanda levou Henrique até a porta.

– Então, até amanhã. – disse Amanda.

Henrique nada disse. Apenas contemplou a amada durante breves instantes. Amanda ficou encabulada. Ele retirou-se.

Visão do biógrafo materialista

Capítulo XIII

Caríssimo leitor (a), neste capítulo, pretendo

resumir os passos de Henrique rumo ao sucesso. Estou ciente de que esta síntese talvez devesse vir no final do livro, como uma espécie de conclusão. Mas sou um romancista e quero deixar os últimos acontecimentos da vida de nosso herói (tão interessantes!), para o fim da obra.

Sei que a tendência literária atual são os romances de auto-ajuda, mas o meu objetivo aqui é fornecer instruções para se *vencer na vida*. Digo isso porque um de meus amigos teceu críticas ferrenhas a esse meu capítulo. Asseverou-me que, para ele, as pessoas que vencem na vida são aquelas que praticam o bem, que amam incondicionalmente, que ambicionam o desprendimento dos bens materiais, que deixam o mundo melhor do que encontraram, que têm fé.

Reconheço que o mundo seria melhor assim. Mas olho por toda parte e pouco vejo de tudo isso. Não sou um idealista, sou realista. O mundo é uma selva, onde só os mais fortes sobrevivem, essa é a realidade. Minha mãe não era assim como eu. Ela acreditava na bondade das pessoas. Lutava por um mundo melhor. Morreu pobre, no mais completo anonimato.

Henrique valeu-se de estratégias e de valores para *"henriquecer"*. Vamos saber qual foi sua tática:

1. Foi um adepto ferrenho do capitalismo selvagem; só os mais fortes se sobressaem.

2. Casou-se por dinheiro; é como dizem: o amor não enche barriga de ninguém.

186   OS PLANOS DA VIDA

3. Seguiu à risca o provérbio *"Amigos, amigos; negócios à parte.*

4. Estudou bastante. Cultura nem sempre dá dinheiro, mas proporciona um certo *status.*

5. Fez discursos sobre a desigualdade, mas nunca ignorou que é ela que sustenta os ricos.

6. Investiu nas questões estéticas; a aparência é tudo.

7. Até fez caridade, mas sabia que no mundo é *cada um por si e Deus por todos.*

8. Buscou fama e popularidade; afinal, o reconhecimento massageia o ego.

Henrique sempre honrou o sobrenome dos *Toledo.* Sobrenome que ele nunca daria à Amanda...

Visão do plano espiritual

De volta aos planos

O dia ainda estava amanhecendo quando o motorista de Henrique tocou a campainha. Amanda já estava tomando o café da manhã com Celina e se assustou com o barulho.

– Pois não?

– É da parte do sr. Henrique Toledo – disse o motorista.

Amanda recebeu um bilhete em que Henrique marcava um encontro em sua casa de praia.

– Eh... você pode esperar um pouco? Eu tenho que me arrumar...

– Sim, senhora. Eu espero lá fora.

Celina foi ao encontro de Amanda.

– Quem era?

– O Henrique quer se encontrar comigo em sua casa de praia.

– Que romântico!

Amanda sorriu, um pouco nervosa.

– Eu estou tremendo, Celina.

– Por quê? Ah, Amanda, vocês já foram até noivos!

– Mas já se passou muito tempo... Eu nem me lembro mais como devo me comportar...

– Ué... você deve abraçá-lo, beijá-lo, essas coisas.

– Ah, que vergonha!

Celina riu de Amanda.

– Você já devia ter arranjado um namorado há muito tempo!

– Olha só quem fala! Agora é que você está namorando o Arthur...

– E eu não estou acreditando até agora...

– Eu vou me aprontar.

Amanda foi para o quarto. Quando terminou de se arrumar, foi para a sala despedir-se de Celina.

– Boa sorte, amiga!

– Obrigada, Celina...

O motorista abriu a porta do carro, enquanto Amanda ainda acenava para Celina, que estava na janela do apartamento. A viagem transcorreu tranqüilamente com as reflexões e receios de Amanda. Quando chegaram à casa de praia, uma senhora recepcionou Amanda. Após os naturais cumprimentos, a anciã informou:

– O sr. Henrique a espera na lancha.

Após indicar a localização de Henrique, a senhora recolheu os pertences de Amanda e os levou para o quarto. Amanda foi ao encontro de Henrique. Ao aproximar-se, ele lhe beijou uma das mãos, com a qual ajudou Amanda a subir na lancha.

– Você está vendo aquela pequena ilha ali?

Amanda fez um gesto afirmativo.

– Vou levar você até lá para conhecê-la...

– Mas... você não vai querer saber qual é a minha resposta primeiro?

Henrique apenas sorriu e piscou um dos olhos para Amanda.

O trajeto até a ilha não foi longo e os dois conversaram sobre a beleza da paisagem. O dia transcorreu de forma bastante agradável e o passeio terminou com

OS PLANOS DA VIDA

um longo beijo entre os dois, enquanto admiravam o pôr-do-sol.

Poucos meses se passaram. Henrique convidou Amanda a ir morar com ele, até que pudessem se casar legalmente. Carolina não aceitava a separação e dificultava o processo do divórcio. Amanda, depois de muita resistência, aceitou a proposta. Um dia, algo inesperado aconteceu.

Amanda acompanhava Henrique em um dos habituais jantares de negócio, promovido por um médico de renome. Havia mais dois casais presentes no evento. Amanda se sentia um pouco deslocada. Ela agora vestia-se de maneira muito diferente. Usava roupas caras e jóias valiosas. Henrique assim exigia, entendendo que ela deveria fazer jus à sua companhia em ocasiões formais. Amanda ficou um pouco ressentida no início, mas logo depois se conscientizou de que os adornos não alteram a personalidade da pessoa, sem seu próprio consentimento. A riqueza, em si, não é um mal. O uso que se faz dela é que pode ser.

Sentia-se muito diferente daquelas pessoas, até que se deu conta de que essa distinção era apenas superficial. Todos ali eram igualmente seus irmãos; estavam passando pela prova da riqueza, uma das mais difíceis, por induzir a todos os excessos. Embora não parecesse, muitos ali clamavam por ajuda. A convivência naquele meio tão diverso do seu mudou desde então. Amanda foi se aproximando das pessoas. Sofreu com algumas hipocrisias, porém fez muitas novas amizades.

O evento na casa do médico famoso estava indo bem. Todavia, Amanda começou a se sentir mal. Comunicou a Henrique que iria ao toalete. Quando voltou, estava pálida. Já chegara a hora de todos se encaminharem para a sala de jantar. Amanda, ao se levantar, ficou tonta, e amparou-se em Henrique, que perguntou a ela o que estava acontecendo. Antes que pudesse responder, Amanda desmaiou. Henrique, extremamente preocupado, levou-a para o sofá. O médico anfitrião cogitou a hipótese de Amanda estar grávida. Aconselhou-a a fazer alguns exames, que confirmaram a gravidez.

O contentamento de Henrique e Amanda foi intraduzível. Ele, que já havia passado a atender pessoas carentes na sua clínica, presenteou a amada com um prédio onde seria fundado um projeto de assistência espiritual e material a famílias necessitadas. Henrique queria mostrar a Amanda que estava mudando.

A ultra-sonografia revelou que se tratava de um menino. Bruno ficou feliz ao saber que iria ganhar um irmãozinho. Ele havia decidido ficar com a mãe, a fim de se aproximar dela, mas afirmou que sempre estaria próximo do irmão. A criança receberia o nome de Pedro, conforme o planejado desde a época do noivado.

Quando o bebê nasceu, o pai encheu-se de orgulho, mas, com o tempo, foi tomado por uma crise de ciúmes. Amanda era uma mãe extremamente zelosa, e Henrique foi se sentindo preterido em relação ao filho. Fazia de tudo para chamar a atenção de Amanda para si. Resolveu, então, que o melhor seria contratar uma babá para ficar com o filho.

Amanda resistia à idéia. Antes, porém, que os desentendimentos se intensificassem, os dois decidiram sentar para conversar. Henrique fez cobranças, e Amanda procurou se justificar.

– Eu quero é que você tenha mais tempo pra mim! Eu não quero ficar competindo a sua atenção com o meu próprio filho...

– Mas eu só quero ser uma boa mãe...

– Mas você não está sabendo dividir as coisas! Por isso que uma babá seria...

– Não, Henrique, por favor...

– E o que você propõe que nós façamos?

– Tudo bem. Eu acho que estou exagerando, você tem razão em reclamar... Mas foi sem querer. É que eu esperei tanto pra ser mãe... Quantas vezes eu dava uma fugidinha para a creche que havia lá no projeto só pra cuidar um pouco dos bebês... E o Pedro é meu filho, entende?

– E eu sou o quê? Apenas o pai do seu filho, eu presumo.

– Você é o homem que eu amo!

– Não está parecendo...

Amanda surpreendeu Henrique, dando-lhe um afetuoso beijo nos lábios.

– E agora?

– Melhorou um pouco...

Amanda acariciou os cabelos de Henrique.

– Desculpe-me. Eu prometo que vou mudar meu comportamento. Se isso não acontecer, você pode contratar a babá, está bem?

– Está certo. Mas agora vamos deixar a conversa de lado. Venha para os meus braços. Eu não quero ficar longe de você... minha vida.

Dentro de pouco tempo, Amanda estaria regressando à Pátria Espiritual...

Ela deveria exercitar o desapego; ele, a resignação.

Visão do biógrafo materialista

Capítulo XIV

Finalmente! Chegamos ao último capítulo dessa espetacular biografia...

Desde já, saliento que Henrique só ficou afastado de casa um pouco mais de dois anos. Ele cometeu o erro de se separar da Carolina. Bruno optou por ficar com a mãe, de quem acabou se reaproximando.

O famoso cirurgião *amigou-se* com a ex-noiva, que logo tratou de engravidar a fim de segurar nosso herói. Ela deu à luz um menino, que o jornalista Arthur e a amiga Celina batizaram. A criança recebeu o nome de Pedro Alves Toledo.

Ainda assim, o divórcio litigioso entre Carolina e Henrique não chegou a ser consumado. Uma tragédia aconteceu: Amanda foi assassinada. O autor do crime, segundo consta, chamava-se Rafael, um ladrão de carro que matou um empresário e que depois se tornou matador de aluguel. Ao ser capturado, ele acabou revelando o nome de quem encomendou o serviço. Havia três grandes suspeitos: Carolina, Roberto e Jorge Toledo.

Parece que o filho de Amanda estava com ela no momento em que foi abordada pelos assassinos. Ela tinha ido assistir a uma peça espírita. Mãe e filho foram levados pelos marginais. Mas nada aconteceu a Pedro. Após o assassinato de Amanda, Rafael entregou o menino a uma moça, a namorada dele, que o deixou no projeto onde Amanda havia trabalhado.

A polícia chegou até os culpados graças a Henrique, que pagou muitos detetives para investigarem o caso. O paradeiro do matador até que foi desvendado de forma rápida pelos especialistas contratados pelo cirurgião, que prometeu a Rafael excelentes advogados, caso ele confessasse o nome do mandante do crime.

O assassino, estranhamente sensibilizado, contou tudo em detalhes. O mandante o contratara não apenas para matar, mas também para torturar a vítima. Ele exigiu que ela sofresse antes de morrer. Amanda foi abordada pelos comparsas dele, que tinham uma foto dela. Tudo ocorreu quando ela estava saindo de um Centro Espírita e indo para a casa de Celina. Eles fizeram com que ela os acompanhasse até o carro, que Rafael estava dirigindo.

Ele disse que tomou um susto quando viu que se tratava da psicóloga. Não reparou em foto nenhuma, queria era fazer o seu "serviço".

Ele a conhecia. Mas por que iria poupá-la? Nós estamos falando de uma grande quantia em dinheiro. E ele não desistiu de matá-la. Segundo Rafael, se não fosse ele, seria outro. Contudo, teve piedade dela. Segundo o seu depoimento, a pobre mulher implorou que ele e os comparsas não fizessem mal ao filho, que não o deixassem ali, trancado no carro como ficara, pois era perigoso. Ela teve uma morte rápida e sem sofrimento. Encontraram-na num matagal, com as mãos amarradas para trás.

Henrique chegou a vê-la nesse estado. Quase enlouqueceu. Desesperou-se. Revoltou-se. Teve que ser contido pelos policiais.

A violência está aumentando assustadoramente e as autoridades não tomam providências satisfatórias. E mais: o Rafael afirmou que saiu do projeto onde Amanda trabalhava realmente disposto a mudar de vida. Mas foi encaminhado para um lugar onde era espancado quase todos os dias. Apanhava, sem roupa, e dormia num chão frio, cujos centímetros eram disputados por todos. Era um centro para "reabilitação" de menores... Fugiu de lá.

Que fim triste teve a Amanda...

Dizem que Henrique teria até tentado o suicídio. No entanto, o desejo de punir o mandante do assassinato o manteve vivo. Até que um dia descobriu-se o culpado. A culpa e o remorso recaíram sobre Henrique quando se constatou que tudo não passava de uma *contra-vingança* do seu próprio avô. O homem que contratou Rafael era o braço direito de Jorge Toledo aqui no Brasil.

Henrique resolveu reatar o casamento com Carolina, pois precisava de bastante dinheiro e muito poder para fazer justiça, já que se tratava de alguém tão importante. Aí ele reconheceu o valor da esposa.

Ele chegou a receber uma carta que teria sido enviada por Amanda, lá do *Além*, mas não se convenceu, mesmo havendo nela fatos que só eles poderiam saber. Achou que havia sido forjada por Roberto, que a entregou a ele. Esse cidadão buscou apoio no Kardecismo, e dizia que Amanda apenas teria regressado a uma tal de Pátria Espiritual.

A justiça tardou, mas não falhou. Jorge Toledo foi posto na cadeia e morreu por lá mesmo. Carolina, inspirada por Henrique, entrou na justiça bem antes da morte dele e Bruno, filho dele, herdou boa parte de sua fortuna. Carolina viveu com o marido até o fim, que chegou cedo para ela. Temendo o envelhecimento, submetia-se a várias cirurgias. Devido à conduta abusiva, Henrique recusou-se em continuar operando a esposa. Explicou suas razões, porém ela não lhe deu ouvidos. Erro fatal. Morreu nas mãos de um outro cirurgião plástico, que era competente até o dia em que deixou Carolina morrer.

A Henrique restou pouco tempo de vida. Tinha se tornado alcoólatra. Primeiro veio a cirrose, depois o câncer de fígado. Deixou os filhos em excelentes condições financeiras. Dizem que morreu chamando por Amanda...

Os restos mortais de Henrique Toledo encontram-se no mesmo cemitério onde estão enterrados os demais membros da família Toledo, especialmente os seus pais, o Sr. Marcelo Toledo a Sra. Lúcia Toledo. Ele pediu para ser enterrado ao lado do túmulo de Amanda Alves, que também foi enterrada ali.

Com essa obra, caro leitor (a), pretendi honrar a memória de Henrique Toledo, exaltando os seus feitos e divulgando a mensagem que ele nos deixou: *Henriqueça*!

Que nosso herói *descanse em paz*!

Terceira Parte

Impressões da platéia

(Continuação do *Prólogo*)

Entendemos que a preleção de Henrique ainda não findara. Após vencer as lágrimas e contar-nos resumidamente os principais fatos que sucederam durante os anos em que estivera encarnado, ele fez uma pausa e passou a falar-nos a respeito de sua desencarnação.

– Já vos disse que a minha biografia termina com o sepultamento do meu corpo. Mas não ignoreis que a *morte* não é o fim da nossa história, pois a vida é um espetáculo incessante. Cerrei os olhos físicos no hospital, mas não perdi a visão como Espírito. Aliás, tudo ficou mais claro diante de mim. Desperdicei uma vida inteira em busca de retaliações decorrentes da incapacidade de perdoar. Foi com grande surpresa e despreparo que cheguei ao Plano Espiritual. Causei sérios danos ao meu corpo e regressei prematuramente. Passei anos nas regiões umbralinas, atormentado pelos meus erros, pela minha omissão. Fiquei cercado de muitos Espíritos que se autodenominavam cientistas, escritores, filósofos, autoridades religiosas, diplomatas, políticos conceituados, militares, artistas, celebridades, magnatas, modelos... Inúmeros Espíritos que se apegaram aos títulos terrenos; aqueles que fizeram deles a sua identidade primeira. Todos exigiam reverências à sua pessoa. Irritavam-me ao extremo com tamanha pompa. Mas era justo que eu estivesse entre eles...

Henrique falava-nos de seu arrependimento e ficamos pensando em como nosso amigo palestrante estava consciente das falhas que cometera. Mesmo aquela experiência equivocada poderia ser posta a serviço do Bem, como uma maneira de nos alertar. Era uma lástima que assembléias daquela natureza fossem normalmente tão vazias. Poucos queriam dispor daqueles instantes de desprendimento – durante o sono – para aprender. A maioria se entregava aos mesmos vícios que cultivava durante o estado de vigília.

– Digo-vos que muito me ajudaram as preces que por mim faziam. Houve um tempo em que ajudei alguns necessitados na clínica onde eu trabalhava, e estes eram os que mais oravam, juntamente com minha família, que também não se esquecia de rezar por mim. Mas a minha culpa e o remorso eram tão grandes que bloqueavam a intervenção da Espiritualidade amiga. Tive que ser levado a um Centro Espírita, e falei com o doutrinador, que me convenceu de que eu poderia aprender a perdoar, começando por mim mesmo. Sem o autoperdão, eles não teriam como me socorrer. Vacilei ainda. Não me sentia digno de qualquer auxílio. Mas eles acabaram por me convencer a orar... e eu me perdoei. Queria me fortalecer para reparar os erros cometidos. Para um dia merecer um reencontro com Amanda. Eu não poderei voltar a vê-la enquanto estiver ainda recalcitrante, pois não posso correr o risco de me deixar levar pelos apegos do sentimentalismo; não do sentimento.

Podíamos imaginar o quanto estava sendo difícil a Henrique permanecer longe da companheira adorada. Ele chegou a comentar que ela se encontrava em esferas superiores, participando de conferências que visavam à mobilização de auxílio em favor dos sofredores.

Não conhecíamos o destino de Carolina e de Jorge Toledo após a sua desencarnação, até que ele nos esclareceu com sincero pesar.

– O meu retorno à Espiritualidade foi doloroso, mas nada comparável ao de Carolina, que permaneceu crendo, durante anos, que ainda estava entre os encarnados. Ela permanece até hoje no cemitério. Ficou jungida ao corpo, assistindo ao seu apodrecimento e tentando evitar que isso acontecesse a todo custo. Hoje ela se vê como um monte de ossos; acha que tem a forma de seus restos mortais. Já tentamos ajudá-la, porém é preciso que ela se conscientize e reconheça os delitos que praticou, dos quais ainda não se arrependeu.

Henrique confessou-nos que também se sentia responsável pela sorte de Carolina, já que teve muitas oportunidades de lhe prestar auxílio e se omitiu. Quanto a Jorge Toledo, a situação não foi muito diferente.

– Meu avô permanece ainda hoje obsedado por uma falange de Espíritos que ele prejudicou enquanto encarnado. Encontra-se numa região de trevas, onde não há só Espíritos sofredores, mas obsessores vingativos e gênios do mal; a maioria absoluta encontra-se inacessível aos apelos do Bem. É um lugar de terríveis tormentos. E pensar que bastaria um sopro de arrependimento para que a sua situação se convertesse. O endurecimento de coração, no entanto, um dia irá cessar... O amor é invencível.

Com o intuito de finalizar a preleção, Henrique dirigiu-nos mais alguns conselhos para que pudéssemos pôr em prática os ensinamentos que a sua experiência nos ministrava.

– É imprescindível que se avalie a natureza das nossas atitudes, o móvel das nossas ações. Empreender uma avaliação constante dos valores que nós esposamos, se eles redundam em auxílio para as pessoas à nossa volta. Um grande filósofo já recomendava: "Conhece-te a ti mesmo". Sejamos humildes e solidários uns com os outros.

Henrique fez uma pausa, e assumiu uma postura bastante séria. E nós nos interessamos imensamente por sua mensagem final.

– Irmãos, tenhamos sempre em mente essas palavras do Cristo: *Aquele que se eleva será rebaixado, e aquele que se rebaixa será elevado.* A vocês, que ora se encontram encarnados, posso assegurar por minha própria experiência, que os títulos e a condição financeira não interferem na nossa situação no Mundo dos Espíritos, pois não é isso o que nós trazemos para o Plano Espiritual. Aqui, a verdadeira hierarquia se expressa pela condição moral de cada um. O importante mesmo é a prática da caridade. E, sendo ricos ou pobres, sempre há ensejo de fazer o bem. Caridade não é apenas ajuda material, mas também, e especialmente, auxílio moral aos enfermos do Espírito. A verdadeira riqueza não se compra em lojas, joalherias, agências de viagens, porque a felicidade não está à venda. A felicidade só depende da nossa transformação moral, pois só assim iremos alcançar o Amor, a Verdade, a Paz, a Fraternidade, o Bem... Não termino lhes desejando sorte, mas determinação, trabalho e estudo.

Planejando o livro

Ao final da preleção, alguns dos presentes foram cumprimentar Henrique. Gabriela, uma jovem trabalhadora da seara espírita, aguardava ansiosamente na pequena fila. A cabeça estava cheia de idéias, que brotaram das próprias palavras do palestrante: *"Confrontar-se-iam as duas faces de uma única existência, a partir de tudo o que eu planejei ser e de tudo aquilo que efetivamente fui."*

Quando chegou a sua vez de trocar algumas palavras com o orador, Gabriela aproveitou o ensejo para sugerir a publicação de um livro com a abordagem espiritual da vida de Henrique, que se contrapusesse à versão do biógrafo materialista. Henrique, num primeiro momento, não levou muito a sério a possibilidade, mas não deixou de dar atenção à jovem.

– Se você escrevesse uma versão mais espiritualizada da sua história, as pessoas teriam como confrontar os dois discursos, que estariam num constante conflito ideológico: uma visão materialista e outra espiritualista dos fatos de sua vida.

– E qual seria o objetivo de tal obra?

– Esse contraste com a biografia iria incentivar a conscientização das pessoas acerca da importância de se questionar alguns valores deteriorados ainda vigentes em nossa sociedade. Você mesmo afirmou que esse tal biógrafo em várias ocasiões acaba por deturpar os fatos, praticar a maledicência, omitir informações... enfim, é um texto que deve ser lido criteriosa e cuidadosamente. Imagine quantos outros existem impregnados de falsas verdades, às quais as pessoas aderem sem perceber, sem questioná-las somente por estarem impressas em um livro. Fora o que costumamos ouvir por aí, como ideologias do tipo *vencer na vida; é cada um por si e Deus por todos; por dinheiro vale tudo;* etc. Essas e outras idéias são um tóxico para a alma, cujo antídoto é o senso crítico e o livre acesso à informação em suas múltiplas facetas, não apenas de acordo com um único viés.

Henrique admirou-se com a argumentação de Gabriela. Ela tinha o entusiasmo da mocidade e a maturidade dos mais velhos. Acabara de ingressar na faculdade e estava cursando Pedagogia. Nascera em uma família de espíritas e era a filha caçula.

– Mas, Gabriela, eu iria *recontar* a minha história? Seria uma espécie de biografia pós-morte?

– Sim, você iria recontar a sua história, só que na totalidade. Você iria incluir nessa narrativa os fatos anteriores à sua reencarnação, seus planos, por exemplo, a sua vida como encarnado e os acontecimentos posteriores ao seu desenlace. Tudo isso sob a ótica de uma abordagem mais espiritualizada, com os valores morais esposados pelos homens de bem, como o desapego aos bens materiais, a caridade, a fraternidade, a benevolência, a humildade...

– Então essa minha versão vai se contrapor à biografia *Henriqueça?*

– Exatamente...

– Cada capítulo da abordagem espiritual irá promover uma releitura, crítica e reflexiva dos pareceres do narrador materialista, do biógrafo.

– Um livro irá dialogar com outro, como se fosse uma única obra, mas com visões diferentes sobre os fatos...

– É. O ideal seria unir as obras em uma só, mas...

– Acho que o Darwin não permitiria ter sua obra contestada dessa maneira. Teríamos que convencer a ele e também a sua família, por causa dos direitos autorais. Além disso, o texto dele já se encontra publicado... Só que na região onde ele se encontra fica difícil manter um contato.

– Mas onde ele está?

– Ele desencarnou há pouco tempo e está freqüentando assembléias organizadas por Espíritos inteligentes e maliciosos cujo ofício é manipular escritores, inspirando-lhes idéias contrárias ao Bem e à Verdade.

– Nossa! Quer dizer que os Espíritos inferiores também fazem reuniões?...

– É lamentável, mas ficamos sabendo que muitos deles conseguem até mesmo ditar obras "espíritas", que algumas vezes são aceitas sem o menor questionamento por parte de médiuns fascinados por eles.

Gabriela surpreendeu-se com a revelação. Mais uma vez convenceu-se da importância de se analisar com bastante atenção tudo aquilo que se lê.

– Mas nós podemos tentar evangelizar o Darwin e entrar em contato com sua família...

– E unir as duas obras em uma só?

– Isso mesmo.

– Bem, já estamos fazendo o possível para dissuadi-lo de continuar obrando no mal.

– Se a nossa idéia for aprovada, eu poderei psicografar a sua versão dos fatos, pois já estou desenvolvendo a minha mediunidade.

– Vamos ver se vai ser possível a concretização deste projeto: unir as duas versões em um só livro...

Gabriela convencera Henrique de que a idéia era mesmo interessante. Ele comunicou à jovem que iria conversar com seus mentores. Se fosse possível concretizar algum dia aquele empreendimento, entraria em contato com ela.

– Está certo, Henrique. Vou aguardar, confiante nas palavras que li uma vez na bíblia: "Há muitos planos no coração do homem, mas é a vontade de Deus que se realiza".

Gabriela já estava de saída, e Henrique também,

quando a jovem repentinamente o chamou pelo nome. Ele virou-se.

– Só mais duas coisas!

– Diga...

– Espero que você volte a ver a Amanda em breve.

Henrique sorriu, cheio de esperanças.

– Eu também.

– Eu já sei qual pode ser o título da obra, caso o Darwin e sua família permitam a publicação da versão biográfica e caso eu possa psicografar a sua própria versão dos fatos.

– E qual seria?

– *Os planos da Vida*...

Almas afins

Uma música celestial ressoava em meio às vibrações de fraternidade dos trabalhadores da colônia espiritual *Semeadores da Solidariedade*. O clima era de despedida e expectativa. O diretor geral dos trabalhos estava prestes a reencarnar, com a missão de laborar em favor da coletividade através da política, e seu posto seria assumido por uma conhecida e honrada servidora do Bem.

Henrique encontrava-se entre os presentes. Comparecera à reunião a pedido de seu mentor espiritual, que o apresentara a todos com profunda humildade. O auditório encontrava-se lotado. Sentaram-se na penúltima fila. As conversações, em sua maior parte, versavam a respeito das experiências junto aos encarnados. Ali se preparavam grupos de amigos espirituais cujo objetivo era influenciar e auxiliar os homens a desenvolverem trabalhos de assistência social a comunidades carentes.

Todos aguardavam a presença do diretor geral, que não tardou muito a chegar. Estava bastante emocionado, e disse inicialmente que seu discurso não seria tão longo assim. Queria apenas tecer algumas considerações a respeito dos objetivos da instituição e, especialmente,

OS PLANOS DA VIDA

acerca do mais importante ingrediente de que dispunham para realizar as tarefas.

Amanda iria substituí-lo. Ela acompanhava-lhe as palavras atenciosamente. Acomodara-se na primeira fila do pequeno auditório, pois esperava o instante em que o diretor a chamaria a fim de apresentá-la aos demais trabalhadores. Ele iniciou suas duas breves considerações.

– Irmãos queridos, a meta a que nos propomos alcançar necessita do concurso da solidariedade entre os homens. A nossa tarefa é especialmente a de inspirá-los e ajudá-los na fundação de entidades filantrópicas, mas também a de influenciar os governantes a fim de que cumpram os deveres exigidos pela sua própria função. O caminho para uma sociedade mais justa é a renúncia de si mesmo, em favor da coletividade. Contudo, vemos ainda o quanto é difícil ao homem abrir mão de regalias e privilégios em benefício do próximo. A ânsia de lucro tem corrompido muitas instituições. Com a centralização de riquezas, vemos faltar o pão para inúmeras famílias, enquanto outras se fartam e esbanjam comida. O discurso da igualdade entre os homens precisa deixar de ser apenas palavras demagógicas.

É preciso nos esforçarmos para resolver em conjunto os problemas sociais que tanto nos afligem. Quem sabe assim poderemos atender às preces de tantos irmãos que apenas pedem o pão de cada dia. Parece mesmo que a humanidade só conseguirá dividir o alimento material após ingerir fartamente o alimento espiritual dos ensinamentos de Jesus. Irmãos, sabemos que a desigualdade das condições sociais é obra dos homens, e não de Deus. Por isso, só depende de nós acabarmos com a fome e a miséria. Esses são os sofrimentos que os próprios homens, com seu egoísmo e ignorância, impõem a si mesmos.

O principal ingrediente do nosso trabalho não poderia deixar de ser o Amor. Amemos o próximo como Jesus nos amou. Que a cada dia de trabalho, possamos recordar essas palavras de nosso Mestre: *Eu tive fome, e me destes de comer. Eu tive sede, e me destes de beber. Eu tive frio, e me agasalhastes. Eu estive preso, e me visitastes.* E Ele também disse ante o espanto dos discípulos: *Em verdade, todas as vezes que o fizestes a um desses pequeninos, era por Mim que o faziam.*

Vamos, irmãos! Vamos a busca de Jesus, seja nas ruas, nos orfanatos, nos asilos, nas penitenciárias. Não nos basta sentir o Amor, é preciso pôr o Amor em ação!

Ditas essas palavras, o diretor geral chamou Amanda e a apresentou como sua sucessora.

– Amanda foi inspirada por nossos trabalhadores, num momento de grande sofrimento para ela, a trabalhar com menores em situação de risco. Muitos aqui já a conhecem, especialmente os que laboraram como protetores da instituição que ela e outros irmãos fundaram. Amanda é digna de muitas homenagens, pois amou até o último momento aqueles a quem se propôs auxiliar. Quando precisou se afastar um pouco, já no final da caminhada, o fez por motivos mais do que justos. Tenho certeza de que vocês estarão muito bem assessorados.

Os trabalhadores aplaudiram Amanda, a quem o diretor geral concedeu a palavra. Ela sorriu, e falou a todos com grande sentimento de humildade:

– Eu acho que minhas palavras não serão tão breves... Na verdade, eu creio que essa tribuna será como o meu próprio divã. Será que vocês se importam de ouvir o meu desabafo?

Todos se mostraram bastante receptivos à proposta de Amanda.

– Agradeço as palavras de nosso amigo diretor, e as palmas. Eu vou entender isso como uma gentileza de vocês, pois creio que minha situação perante o meu último plano reencarnatório não seja tão boa assim, não obstante os trabalhos que nós conseguimos desenvolver juntos. A verdade é que o meu êxito na jornada terrestre foi apenas parcial. Digo isso por conta de basicamente dois motivos. Falarei inicialmente do primeiro e depois eu comentarei a respeito do segundo. Então, primeiramente, devo dizer que não fui capaz de amar até o último momento, como afirmou nosso honrado diretor.

A revelação deixou a todos um tanto surpresos. Amanda começou a relatar os fatos que a fizeram chegar a tal conclusão.

– Faltavam poucos dias para o meu desenlace, que aconteceria em função de uma parada cardíaca. A reencarnação de meu filho Pedro teve de ser retardada em razão do não cumprimento, no momento certo, de uma etapa dos planos feitos aqui na Pátria Espiritual. Meu filho ainda não tinha completado um ano de idade. Isso tornava a nossa separação ainda mais dolorosa para mim. Mas não havia possibilidade de prorrogar o meu tempo no Plano Material. Compromissos inadiáveis dependiam de meu regresso. Um dia, quando eu saía do Centro, dois homens me abordaram. Eles estavam armados, e mandaram que eu entrasse num carro.

A jovem foi tomada de lembranças tristes, mas no olhar, a resignação cada vez mais transparecia.

– Eles me levaram para um lugar ermo, onde havia só havia mato por todos os lados. Tiraram o bebê dos meus braços e o deixaram no carro. Sozinho. Chorando. Eu não conseguia conter o meu desespero, por mais que tentasse. Não temia por mim, mas pelo meu filho. Eu me senti tão impotente, incapaz de protegê-lo. Esqueci-me completamente do Pai, que vela por todos os seus filhos, e entreguei-me à angústia e ao desconsolo. Minhas mãos foram amarradas. E qual não foi a minha surpresa quando vi que conhecia um daqueles rapazes! O que acontecera com o Rafael? Tornara-se um matador? Onde estava a esperança que vi em seus olhos quando os policiais o levaram? Em seu olhar só havia revolta. Mas não foi na situação dele que pensei naquele momento...

Amanda deixou cair lágrimas de arrependimento.

– Ajoelhei-me e pedi pelo meu filho. Implorei que não fizessem nenhum mal a ele, que não o deixassem sozinho. Um outro rapaz irritou-se comigo e esbofeteou-me, exigindo que eu permanecesse quieta. Eu fiquei caída ali, aos prantos. O Rafael me levantou do chão e me perguntou, em tom de dúvida e desafio: *Onde está Deus agora?* Silenciei. Ah, irmãos! Tive tanta vergonha de mim! Percebi o quanto minha fé era pequena... Alguns minutos transcorreram. Ele exigia uma resposta: *Vamos, diga!* Eu olhei bem no fundo de seus olhos. Meu coração ficou leve, e eu apenas lhe falei com sinceridade: *Ele está à nossa espera!* Eu senti uma paz tão... tão grande. Acendeu-se um novo ânimo em meu Espírito. O Rafael levantou-se e sacou uma arma. Assegurou-me que eu teria uma morte sem dor, mesmo com as objeções dos colegas dele. Fiz uma prece, e enderecei minhas últimas palavras ao Rafael: *Obrigada por me fazer pensar Nele neste momento...* Instantes depois, vi uma luz muito intensa, e vários companheiros espirituais que me aguardavam ali mesmo, numa corrente de amor cujas vibrações eu somente comecei a sentir após a pergunta que Rafael me fizera. Foi ele quem me ajudou a manter a fé, quem me poupou de sofrimentos físicos, quem salvou meu filho. Ele amou mais do que eu...

Na assistência, alguns servidores enxugaram suas lágrimas.

– O Rafael, a quem os homens não foram capazes de assegurar uma segunda chance, acabou enveredando por um caminho do qual um dia ele desejou se desviar. Foi maltratado e humilhado, ao invés de ser reabilitado. *Reabilitar...* será que conhecemos o sentido dessa palavra? Será que as chamadas *ovelhas negras* não são muitas vezes o fruto do nosso próprio egoísmo ou mesmo da nossa omissão? Não foi o próprio Jesus quem disse: *Nenhuma de minhas ovelhas se perderá?* O que a sociedade oferece

OS PLANOS DA VIDA

às crianças e aos jovens: a selva ou o rebanho? É por isso
que nós estamos aqui. Não para julgá-los, mas para ajudá-
los. Repartir o pão, repartir a educação; amar o próximo.
Evangelizar a sociedade para garantir a fraternidade!

Todos repetiram a última frase, que se tornaria mais
um dos lemas da instituição. Fez-se uma ligeira pausa.

– Bem, irmãos, vamos ao segundo motivo do meu
êxito parcial. A verdade é que não consegui encaminhar
uma alma afim, que confiou em mim, na senda
previamente determinada. Eu reencarnei com o objetivo
de auxiliar meu futuro marido no desenvolvimento de
trabalhos voltados para uma assistência comunitária na
área médica. No entanto, nossa união não aconteceu na
data prevista, e nós acabamos nos afastando por muito
tempo um do outro. Eu acreditei em uma mentira que me
foi contada, e pus tudo a perder. Depois de muitos anos,
nós nos reencontramos, mas não nos foi possível realizar
os planos em sua totalidade. Havíamos começado o
trabalho de auxílio a necessitados através de atendimentos
gratuitos na clínica e de um projeto de assistência material
e espiritual, porém a minha necessária desencarnação,
ainda que não da maneira como fora programada, veio a
comprometer esses e outros projetos que empreende-
ríamos com o tempo. Por falta de confiança, eu desperdicei
o tempo que nós teríamos em abundância, caso os planos
fossem devidamente concretizados.

Amanda avistou na penúltima fileira uma pessoa com
uma das mãos levantada. Certamente, o irmão desejava
participar da preleção. Ela concedeu-lhe a palavra.

– Eu creio que não foi a sua falta de confiança, mas a minha insegurança e ciúme que acabaram pondo a perder os nossos planos – assegurou Henrique, com convicção, após levantar-se.

Amanda surpreendeu-se com a sua presença. Como era maravilhoso tornar a vê-lo! Ambos sorriram de felicidade, e ele pediu permissão para fazer parte daquele momento de desabafo, tão rico em reflexões não apenas para eles próprios, mas para todos os que erram, até mesmo em meio ao esforço de acertar. Todos apoiaram a atitude de Henrique, que tomou a palavra:

– Nós ouvimos as palavras tão amorosas e sábias do nosso amigo diretor, no que se refere ao principal ingrediente de que necessitamos para desenvolver os trabalhos na seara do Bem. Quando encarnados, também ouvimos comumente que o mundo precisa de amor. Contraditoriamente, vemos inúmeros irmãos lançando mão do amor para justificar grandes equívocos e atrocidades... Então, concluímos facilmente que o amor carece de uma definição mais precisa. Amor ou egoísmo? Amor ou obsessão? Amor ou atração? Será que vale tudo em nome desse *amor*? O amor está circunscrito à família, sem a qual não sobreviveríamos? São tantas perguntas... Mas a questão central é que esposa, marido, mãe, irmão, filho, tio, primo, amigo... são papéis que flutuam a cada nova encarnação. Por que apego ao invés de amor? O amor verdadeiro envolve renúncia, entrega, doação. Amor não é aprisionamento, é libertação e desprendimento. Sim, a humanidade precisa de amor, e não apenas amor por essa ou aquela pessoa de nossa família, por esse ou aquele amigo. Até o amor nós queremos monopolizar! *Amai-vos uns aos outros*, não é isso? Então vamos viver essa verdade, com a ajuda do Pai, que nos concedeu o livre-arbítrio, como expressão sublime de seu Amor. *Ele está à nossa espera!*

Henrique aproximou-se lentamente de Amanda e segurou-lhe as mãos. Mais uma vez os olhares se encontraram.

– Você não podia fazer por mim tudo aquilo que *eu* deveria realizar... Nosso filho sempre amou você, mesmo sem ter nenhuma lembrança sua. Hoje eu a amo muito mais do que sempre amei, e quero sublimar a cada dia esse sentimento que me fortalece tanto.

Todos estavam bastante felizes. Nesse momento, alguns trabalhadores se posicionaram e, em coro, começaram a cantar lindas músicas que falavam de Amor e Trabalho.

Após a apresentação, todos se abraçaram, e continuaram as conversações. O mentor de Henrique comunicou-lhe que precisaria ausentar-se, pois estava envolvido em uma missão que objetivava resgatar Darwin – o biógrafo materialista – da zona das trevas.

– Quem é Darwin? – quis saber Amanda.

Henrique deixou-a inteiramente a par do projeto de escrever o livro. Amanda ficou admirada com a idéia de Gabriela, e concordou em ajudar, nas horas vagas, a redigir a abordagem espiritual. Certamente, ambos entenderiam melhor o passado, ao tornar a vivê-lo. Eles se encontrariam tantas vezes fossem necessárias, não obstante estarem trabalhando em regiões tão distantes.

Transcorrido algum tempo, os dois encaminharam-se para o jardim, que ficava do lado de fora do auditório. Era uma noite perfumada de esperanças. Eles tornaram a se olhar. Henrique tocou o rosto de Amanda.

– Eu tenho certeza que quando chegarmos ao final desse livro nós estaremos ainda mais unidos e fortalecidos.

Amanda abraçou Henrique com todo o sentimento de afeto que ele lhe despertava. O gesto preenchia todas as ausências com a mais terna paz.

– E nós dois estaremos aqui mesmo...

As palavras de Amanda inundaram a noite com vibrações de ânimo e coragem.

– ... fazendo planos para o futuro.